13 TRUCS INFAILLIBLES POUR ÊTRE BIEN VU EN ENTREPRISE

Groupe Eyrolles
61, bd Saint-Germain
75240 PARIS Cedex 05

www.editions-eyrolles.com

ISBN : 978-2-212-55801-2

Laurence Bourgeois

13 TRUCS INFAILLIBLES POUR ÊTRE BIEN VU EN ENTREPRISE

SOURIEZ, VOUS ÊTES ÉVALUÉ !

EYROLLES

« Tout le monde veut être bon, mais peu de gens sont prêts à faire les sacrifices nécessaires pour arriver au sommet. Beaucoup préfèrent être aimables pour qu'on les apprécie. Il n'y a pas de mal à ça, mais ne confondez pas être bon et être apprécié »

Paul Arden, publicitaire anglais (1940-2008)

Ce livre s'adresse à toutes celles et ceux :

- souhaitant être « dans les petits papiers » de leur chef ;
- ambitionnant une promotion au sein de leur entreprise ;
- faisant le pari d'une meilleure augmentation de salaire l'an prochain ;
- ayant décidé de devenir des collaborateurs clés ;
- dont l'objectif consiste à gérer stratégiquement leurs adversaires dans l'entreprise ;
- en quête de stratagèmes leur permettant de cacher un investissement modéré dans leur travail.

En deux mots, cet ouvrage cible toutes celles et ceux qui rêvent d'être mieux appréciés et mieux évalués.

Il ne s'adresse pas aux… triskaïdékaphobes[1].

1. La triskaïdékaphobie (du grec ancien *treiskaídeka*, « treize » et *phobos*, « peur ») est la phobie du nombre treize.

SOMMAIRE

INTRODUCTION XI

RÈGLE N° 1 - ÊTRE « PRO », UN INCONTOURNABLE 1

De la rigueur, sinon rien ! 2
Savoir s'organiser 9
Respecter ses engagements 13

RÈGLE N° 2 - FAIRE JOUER SON INTELLIGENCE RELATIONNELLE AVEC SON CHEF 17

Un peu de psychologie, pour vous mettre au diapason 18
Miser sur la transparence 22

RÈGLE N° 3 - RESPECTER UN PRINCIPE DE BASE : LE CHEF A TOUJOURS RAISON 27

Éviter les remises en question (surtout en public) 28
Donner des idées plutôt que des conseils 30
Privilégier les mauvaises recommandations aux bonnes décisions 35

RÈGLE N° 4 - ENTRER DANS LE MOULE, POUR NE PAS SE FAIRE PINCER TRÈS FORT 39

Décoder la culture 40
Adopter les bonnes attitudes 43

RÈGLE N° 5 - **FAIRE DE LA MOUSSE, SANS FAIRE DE VAGUES 49**

Se marketer 50
Se vendre...53
Se valoriser 58

RÈGLE N° 6 - **ÊTRE AMBITIEUX, SANS SE FAIRE D'ENNEMIS........63**

Pas trop de zèle ! 64
Cultiver la culture du secret 66
Respecter un principe marketing de base.......................68

RÈGLE N° 7 - **ÊTRE PRÉSENT, MAIS EN MODE « ÉCO »................73**

Être irréprochable sur les horaires 74
Se faire passer pour un bourreau de travail....................78

RÈGLE N° 8 - **PENSER INDIVIDUELLEMENT, AGIR COLLECTIVEMENT..83**

Jouer le groupe...84
Valoriser l'autre 89

RÈGLE N° 9 - **NE FAIRE QU'UN SEUL GESTE, RETOURNER SA VESTE..93**

Faux-semblants 94
Devenir un as des jeux de pouvoir...................................97

RÈGLE N° 10 - **NE PAS SE FAIRE PRENDRE LA MAIN DANS LE SAC..101**

Les murs ont des oreilles...102
E-mails : attention aux fausses routes...........................106

RÈGLE N° 11 - **PRENDRE DU RECUL, SANS PRENDRE LA SORTIE....109**

Prendre de la distance 110
Ne pas mettre tous ses œufs dans le même panier.........113

RÈGLE N° 12 - **TOUT MISER SUR L'APPARENCE** **117**
L'habit fait le moine 118
Pensez positif ! 120

RÈGLE N° 13 - **SOURIRE, DIRE MERCI ET DEMANDER L'ADDITION !** .. **125**
Adopter la « *smile attitude* » 125
Dire merci 127
Demander l'addition 128

CONCLUSION **129**

BIBLIOGRAPHIE **131**

INDEX **133**

INTRODUCTION

Ah, ce fameux nombre treize !

Tantôt porte-bonheur, tantôt objet de toutes les peurs et superstitions, il symbolise en numérologie à la fois la fin d'une chose et le commencement d'une autre. Dans tous les cas, il signe un changement important, un départ sur de nouvelles bases.

Quand on sait à quel point l'évaluation en entreprise conditionne une carrière, il paraît tout à fait légitime de vouloir mettre toutes les chances de son côté pour accéder au poste de ses rêves, obtenir une meilleure augmentation de salaire l'an prochain ou briller un peu plus dans les yeux de son chef. Voici une bonne résolution que beaucoup de collaborateurs se fixent chaque année : prendre un nouveau départ, pour, enfin, être vu comme LE collaborateur clé du service.

La soif de reconnaissance et de valorisation étant inhérente à l'être humain, les salariés ne rateraient pour rien au monde le rendez-vous annuel d'évaluation avec leur chef, visant à dresser un bilan individuel de l'année écoulée (par rapport aux objectifs fixés et à la maîtrise des compétences requises pour tenir leur poste) et à envisager l'avenir (à court, moyen ou long terme). Principal objectif : se faire bien voir. Le phénomène ne date pas d'aujourd'hui ; en effet, qui parmi nous n'a jamais eu l'impression, lors de ces entretiens formalisés, de se retrouver sur les bancs de l'école (à la différence près que les élèves recevant les félicitations ont été remplacés, dans l'entreprise, par les « *top performers* » ou les « *high po* »[1]) ?

Les questions à se poser tournent autour de l'identification des leviers d'appréciation des managers : sur quels critères

1. Contraction de « *high potential* », ou, en français, « haut potentiel ».

vous jugent-ils ? Quelles sont leurs valeurs de référence universelles ? À quelles conditions êtes-vous bien ou mal apprécié ? Que faire pour avoir des chances d'évoluer dans la maison ? Etc.

Votre avenir ne se joue pas uniquement au cours des tête-à-tête annuels avec votre chef : il se joue au quotidien. Quand on sait qu'il faut des années pour bâtir une carrière (même si, pour autant, rien n'est jamais gagné…) et que quelques heures suffisent pour la détruire, il est capital de s'interroger sur ce qui permet d'influencer favorablement votre appréciation.

Mon objectif, dans cet ouvrage, consiste avant tout à vous sensibiliser au fait que, dans l'entreprise, votre évaluation est continue et loin de se limiter aux seules compétences techniques ou aux savoir-faire. En effet, à quantité de travail et niveau de professionnalisme équivalents, force est de constater que certains seront toujours mieux vus que d'autres. C'était déjà le cas lorsque vous étiez étudiant ; il ne suffisait pas d'être le premier de la classe pour être le chouchou des professeurs. Aujourd'hui, en situation professionnelle, ce même scénario a tendance à se répéter et à s'accentuer. Tous les matins, dès que nous passons le tourniquet du hall d'entrée de notre entreprise, puis lorsque nous rentrons chez nous le soir, faisant le point sur notre journée de travail, nous nous posons inévitablement les questions suivantes : pourquoi celles et ceux que vous n'estimez pourtant pas les plus doués entretiennent-ils naturellement d'excellentes relations avec leur hiérarchie ? De même, pourquoi, dans certains cas, les managers apprécient-ils d'emblée certains collaborateurs et en prennent-ils d'autres en grippe dès leur premier jour d'intégration ? Comment certains salariés parviennent-ils, comme par magie, après tout juste deux ans d'ancienneté, à accéder aux postes suprêmes ?

Il n'y a rien de mystérieux à tout cela : ceux qui remportent à coup sûr les faveurs du chef savent allier un professionnalisme irréprochable à l'art de manipuler leurs interlocuteurs et de décoder les standards de leur environnement de travail, sans pour autant passer pour des fayots de service. Tels des produits cherchant à remporter la préférence des consommateurs, ils savent se marketer, s'emballer dans un beau *packaging* et se valoriser au mieux, sans commettre d'impair.

Il existe donc des comportements, des attitudes et des références incontournables, à connaître et à mettre en œuvre chaque jour.

Sans totalement gommer toutes vos habitudes passées, je vous invite, dans cet ouvrage volontairement pragmatique et truffé de bons « tuyaux », à prendre un nouveau départ, en parcourant treize règles d'or. La première d'entre elles, le professionnalisme, constitue à elle seule un prérequis absolument indispensable à toute réussite au sein de l'entreprise. Nous nous y attarderons dans les premières pages de cet ouvrage. Mais si la compétence et la qualité du travail étaient les uniques composantes d'une carrière réussie, cela se saurait ! Si des gens très compétents ne sont pas forcément reconnus à leur juste valeur et, qu'*a contrario*, des collègues plutôt moyens arrivent aux plus hauts niveaux de responsabilité en deux temps trois mouvements, c'est parce que ces derniers ont su piocher au bon moment dans la boîte à outils de l'employé « modèle » douze autres grands principes, qui peuvent parfois sembler tomber sous le sens, et pourtant…

Alors halte à la procrastination[1] : n'attendez pas l'an prochain pour vous prendre en main. Le moment de faire vos preuves pour recevoir les louanges de votre chef et de *booster* votre carrière, c'est maintenant !

Excellente lecture !

1. La procrastination est l'art de remettre au lendemain ce qu'on peut faire le jour même.

RÈGLE N° 1

ÊTRE « PRO », UN INCONTOURNABLE

Imaginez un seul instant que la couleur châtain de la coloration capillaire que vous venez d'acheter au supermarché du coin vire au roux lors de son application : auriez-vous envie de rester fidèle à la marque ? De même, si le tramway de votre ville arrivait systématiquement avec dix minutes de retard, ne seriez-vous pas tenté d'emprunter votre véhicule et de délaisser les transports en commun ?

Pour un produit, une « *qualité déficiente est synonyme de mauvaises affaires* », nous rappelle l'expert du marketing américain Philip Kotler[1]. De même que la qualité d'un produit ou d'un service doit être irréprochable s'il veut conquérir un consommateur, nous nous devons, en tant que salariés et afin de nous vendre au mieux au sein de l'organisation[2] dans laquelle nous travaillons (et de pouvoir justifier notre salaire), de faire preuve d'un professionnalisme à toute épreuve. C'est LE basique, LE minimum vital sans lequel, au-delà d'une évaluation forcément médiocre, nous pouvons bien vite nous retrouver à la porte ! L'Américain Reid Hoffman, cofondateur de LinkedIn, et son compatriote entrepreneur Ben Casnocha notent à ce titre que « *pour*

1. Kotler, P., *Le Marketing selon Kotler*, Village Mondial, 1999, p. 17.

2. Une organisation peut être une entreprise privée, publique, une institution, une association ou encore un groupe « projet ».

chacun de nous, le talent individuel et le travail ne suffisent peut-être pas pour réussir, mais ils sont absolument indispensables »[1]. Rien ne sert donc de briller à l'extérieur si, à l'intérieur, nous sommes inconsistants.

Rigueur, organisation et respect des engagements constituent les trois principaux ingrédients d'un professionnalisme reconnu.

DE LA RIGUEUR, SINON RIEN !

En situation professionnelle, les managers privilégient souvent les collaborateurs rigoureux et analytiques aux purs créatifs. Quel que soit le secteur d'activité concerné, force est de constater qu'avoir des idées est, certes, une qualité indispensable, mais non suffisante. En effet, une idée, aussi géniale soit-elle, doit ensuite être mise en application, en suivant des *process* préétablis. Elle doit se concrétiser dans un produit ou un projet soumis à des contraintes financières et/ou humaines, vous imposant de tenir des délais, d'en vérifier l'état d'avancement, d'arbitrer des ressources, etc. À chacune de ces étapes, la rigueur est de mise.

Être rigoureux, c'est faire preuve non seulement de méthode dans votre approche, mais également de discipline dans votre travail et de persévérance dans vos actions.

1. Hoffman, R., Casnocha, B., *Managez votre carrière comme une start-up*, Leduc. S Éditions, 2013, p. 92.

Une question de méthode

« La méthode, c'est le chemin, une fois qu'on l'a parcouru. »
(Marcel Granet, sinologue français)

Les patrons aiment les collaborateurs méthodiques, se posant d'abord la question du « pourquoi » avant celle du « comment ». En d'autres termes, ceux qui parviennent à faire nettement la différence entre les objectifs et les moyens permettant de les atteindre. Ce faisant, ils mettent immanquablement en avant leur capacité à prendre de la hauteur de vue et à adopter une vision à la fois stratégique et opérationnelle.

Les patrons privilégient également les salariés capables d'ordonner et de synthétiser leurs idées, à ceux qui se perdent dans les détails. Partez du principe que votre chef (comme tous les chefs d'ailleurs…) est débordé et que, de ce fait, il est en quête d'informations pertinentes, fiables, concises, utiles, exprimées directement, sans artifices. Il préférera sans aucun doute le collaborateur qui lui dira, d'un ton affirmé : « *Notre nouvelle campagne doit être lancée dans deux jours. Nous aurons un jour de retard pour deux raisons : la première, etc.* », à celui qui tentera de lui expliquer tant bien que mal : « *Non, mais ce n'est pas vraiment ça, vous comprenez… En fait, Martin voulait savoir si l'opération pourrait être lancée, c'est pour cela qu'il m'a envoyé un e-mail, mais comme sa fille est tombée malade le matin même, il n'a pas pu le faire. Le problème, c'est donc qu'on se retrouve avec la nouvelle campagne à lancer, mais ça ne va pas être possible, du coup…* » Stop ! Halte au bla-bla ! Revenez à la source de votre histoire et demandez-vous quel est le fait générateur du prétendu problème à résoudre.

Une bonne façon d'être percutant...

Donnez des critères de mesure pour chacune de vos réalisations (projets, missions, tâches), en mettant en évidence, par exemple, une réduction des coûts, un gain de part de marché, la fidélisation d'un pourcentage plus important de clients, une réduction de marges d'erreur, le degré d'avancement d'un chantier, etc. Exemple : « *Grâce à l'analyse des données du marché et aux cinq cents commentaires recueillis auprès de notre équipe commerciale, nous avons réorienté notre communication, ce qui a généré une augmentation de 13 % de notre chiffre d'affaires et de 2 % de notre part de marché, en l'espace de quatre mois.* »

Être méthodique ne se décrète pas. Nous avons tous, à la base, plus ou moins d'affinités avec l'analyse, la structure et l'organisation. Les experts des neurosciences cognitives, qui ont établi l'existence, chez chacun d'entre nous, d'une asymétrie cérébrale (c'est-à-dire de « *l'inégale implication des deux hémisphères du cerveau dans les différentes fonctions mentales*[1] »), nous diraient que notre « cerveau gauche » est plus ou moins développé.

Comme on le dit souvent, « il faut de tout pour faire un monde ». Dans une équipe, tout manager a donc intérêt à favoriser la complémentarité des profils. Si vous êtes identifié plutôt comme « cerveau droit », je vous suggère, sans pour autant vous transformer du jour au lendemain en statisticien ou en expert-comptable, de vous astreindre à un minimum de gymnastique cérébrale pour faire travailler votre hémisphère gauche, en vue d'acquérir ou d'entretenir une démarche structurée, une approche synthétique et analytique, vous permettant de définir des plans d'action efficaces, nécessaires à l'atteinte de vos objectifs.

1. Wikipédia, « Asymétrie cérébrale », mise à jour 12 mars 2013.

Le monde de l'entreprise est ainsi fait : les patrons recherchent des collaborateurs capables de développer une approche *business* et orientée sur les résultats (recherche de profit oblige !).

Êtes-vous plutôt « cerveau gauche » ou « cerveau droit » ?

L'**hémisphère gauche** de notre cerveau analyse les situations et les problèmes. C'est le lieu du raisonnement. Une personne très « cerveau gauche » a un esprit logique, analytique, rationnel. Elle est très à l'aise avec la théorie. Elle analyse et met en œuvre des plans d'action efficaces répondant à des objectifs précis. *A contrario*, l'**hémisphère droit** gère les émotions et les intuitions. C'est l'endroit du ressenti, de la créativité, de l'imagination et des passions. Une personne « cerveau droit » utilise par exemple volontiers les comparaisons. Parce qu'elle innove, apporte des idées nouvelles, se montre force de proposition, remet en question les *process* préétablis, elle est souvent qualifiée de « créative ».

Deux vérifications valent mieux qu'une

Dans un contexte professionnel toujours plus exigeant, dans lequel les acteurs de l'organisation doivent atteindre des objectifs toujours plus ambitieux, nous sommes soumis à une exigence de rapidité : il faut tout faire, toujours plus, avec toujours moins de moyens (financiers ou humains), toujours plus vite et dans des délais toujours plus courts. Or, la rapidité ne constitue pas à elle seule un critère de performance ou d'efficacité.

Alors, entre ceux qui vous expliquent qu'« il ne faut pas confondre vitesse et précipitation » et les adeptes de la vitesse à tous crins, il est parfois difficile de trouver le juste milieu. Et comme il est rare de « faire vite et bien », mieux vaut perdre un peu de temps pour miser sur la qualité, plutôt que de fournir un travail bâclé nécessitant par la suite de nombreuses corrections.

Sans tomber dans le trouble obsessionnel compulsif et les rituels de vérification, vous devez rendre à votre responsable un travail de qualité, bien ficelé, pour lequel vous avez pris soin de procéder à plusieurs vérifications ou relectures.

Les points clés de vérification

Ne rendez jamais un rapport, un projet, une étude ou une analyse sans vérifier :

— D'avoir respecté le besoin du client ou du donneur d'ordre : quel est le cahier des charges (ou *brief*) initial ? Qu'attend votre client ? Avez-vous répondu à ses attentes ? Sur quels critères mesurables estimez-vous votre objectif atteint ?

— D'avoir respecté les réglementations, procédures, normes de sécurité et autres critères de qualité en vigueur dans l'entreprise. Exemple : mettre en place une base de données clients sans avoir vérifié au préalable l'autorisation auprès de la CNIL[1] constituerait une grave erreur.

— D'avoir inclus les bons interlocuteurs dans vos projets. Combien échouent, faute d'avoir mis dans la boucle les bons sponsors ou de ne pas avoir respecté la chaîne décisionnelle ?

— L'orthographe de vos écrits et de vos e-mails. Sans vous perdre dans des relectures poussées pour corriger la grammaire, la syntaxe ou la ponctuation, on vous reprochera

→

1. En France, la CNIL (Commission Nationale de l'Informatique et des Libertés) est l'autorité compétente garantissant le contrôle en matière de protection des données personnelles.

→
toujours de ne pas avoir fait l'effort de passer le correcteur d'orthographe dans Word avant de rendre un travail. Non seulement une orthographe déplorable entache votre image, mais elle signale également un manque de respect envers celui ou celle qui vous lit.

En deux mots, assurez-vous de la qualité de votre travail et des services rendus à vos clients, internes comme externes.

De la persévérance avant tout

Ôtez-vous de l'esprit que celles et ceux qui reçoivent systématiquement les bonnes grâces de leur chef sont forcément plus talentueux ou plus chanceux que vous, ou bien que leur éventail de compétences est nécessairement plus large que le vôtre. En effet, c'est souvent avant tout une question de volonté et de détermination. « *La plupart des gens riches et puissants ne sont pas particulièrement doués, sympathiques, cultivés ou beaux. Ils deviennent riches et puissants, parce qu'ils* ***veulent***[1] *être riches et puissants* »[2], notait le célèbre publicitaire anglais Paul Arden.

La différence entre ceux qui sont bien vus et qui réussissent à décrocher des promotions régulièrement et ceux qui piétinent réside, entre autres, dans la persévérance dont font preuve les premiers. Sans cette qualité, vous n'irez pas très loin.

1. Accentué par l'auteur.
2. Arden, P., *Vous pouvez être ce que vous voulez être*, Éditions Phaidon, 2004, p. 2.

Qui dit persévérance, dit aussi...

Insistance : ne baissez jamais les bras en cours de route sous prétexte que vous êtes confronté à une difficulté (réelle ou perçue) ; ce serait perdre toutes vos chances de succès et votre investissement initial. Loin d'affaiblir votre courage, les obstacles (exemple : une baisse de chiffre d'affaires malgré les efforts considérables déployés auprès de vos clients, un e-mailing entier à refaire en raison de l'utilisation malencontreuse d'un fichier erroné, etc.) doivent vous conduire à redoubler d'énergie pour parvenir à vos fins. Vous vous dites que ceci est plus facile à dire qu'à faire ? Vous avez raison.

Distance : ne vous laissez pas déconcentrer par votre environnement. Prenez de la distance par rapport aux rumeurs, au qu'en-dira-t-on, aux médisances et autres critiques émanant de vos collègues les plus toxiques. C'est la meilleure façon de rester centré sur votre travail et de conserver votre énergie pour mener à bien votre tâche.

Patience : préférez la persévérance sur la durée, qui vous permettra d'atteindre vos objectifs de moyen/long terme, à un gros effort *one shot* centré sur des réalisations de court terme. En effet, ce que va chercher à évaluer votre supérieur, c'est de savoir si vous « tenez sur la distance ». Le « tout, tout de suite » réveille peut-être en vous votre enthousiasme d'enfant, mais la clé de la réussite, c'est la croissance durable.

Espérance : ne lâchez pas prise, même si le succès n'est pas toujours au rendez-vous. Insistez, recommencez encore et toujours ; la voie du succès est très souvent pavée d'échecs, de refus, de doutes et de remises en question.

SAVOIR S'ORGANISER

De même qu'un manque de rigueur, une mauvaise organisation déplaît également au chef. Alors, pour lui faire plaisir, mettez votre « cerveau gauche » à l'épreuve ! Si vous rendez votre copie en retard sous prétexte que vous êtes débordé, il y verra deux explications possibles : vous manquez d'organisation ; ou vous ne disposez pas des ressources suffisantes pour réaliser correctement votre travail. D'après vous, laquelle de ces explications privilégiera-t-il ?

Alors, comment procéder quand, dès votre arrivée au bureau, le manteau encore sur le dos, votre patron vous tombe dessus, vous demandant d'organiser une réunion avec une dizaine de participants pour le jour même et qu'en même temps, vous avez prévu de relancer tous vos clients en retard de paiement et que, cerise sur le gâteau, la clôture comptable a lieu le lendemain matin ? Pour tenir toutes ces échéances, sans pour autant perdre de vue vos cinq *e-mailings* à envoyer dans la journée, le suivi de vos réservations d'hôtels et la confection des nouvelles cartes de visite, vous allez devoir vous astreindre à une gestion rigoureuse de votre temps, afin d'être en mesure de garantir tous vos « délivrables ».

Le test de la poubelle

Voici un petit exercice de méthode, aujourd'hui largement utilisé lors des évaluations approfondies de compétences et de potentiel des candidats (les fameux « *assessments* », en anglais) : le test de la poubelle, ou « *in-basket test* », en anglais. Son objectif : analyser le mode de fonctionnement du candidat en le projetant dans une situation fictive dans laquelle on lui demande de trier du courrier accumulé pendant ses congés. Ce dernier va-t-il réussir à se dépêtrer de la pile de courrier et de la tonne d'e-mails reçus pendant son absence ?

La bonne approche consiste alors à classer les sujets — et, donc, les activités qui en découlent — selon deux axes principaux :

— Leur degré d'urgence : les tâches urgentes requièrent une attention et une action immédiates. Ce sont en général des obligations de court terme.

— Leur degré d'importance : les activités importantes contribuent à la réalisation de vos objectifs de moyen et long termes.

L'écueil consisterait à vous laisser distraire par les urgences, au risque de perdre de vue les activités nécessaires à l'atteinte de vos objectifs de moyen ou de long terme, qui vous mettent en valeur aux yeux de vos clients, et, par là même, accroissent vos chances de réussite au sein de l'entreprise.

Par exemple, si, en pleine préparation du séminaire des mille deux cents vendeurs programmé dans deux jours à Oslo, vous vous rendez compte que vous avez omis de réserver le billet de train de votre chef dont le départ pour Lille est prévu le soir même, de vérifier votre comptabilité pour le lendemain matin et de répondre à Gérard qui vous a appelé il y a trois jours (déjà ?), posez-vous avant tout la question de savoir laquelle de ces actions vous sera la plus profitable et vous permettra, non seulement d'atteindre vos objectifs, de briller un peu plus, mais également de vous éviter des représailles au cas où vous ne parviendriez pas à mener à bien toutes vos missions.

Classification des activités (matrice d'Eisenhower)

Degré d'importance	– Degré d'urgence	+
+	**IMPORTANT/PAS URGENT** – Planification de l'activité des mois à venir. – Recherche de nouveaux lieux de séminaires et d'hôtels bon marché. – Mise en place d'une base de données clients permettant des invitations plus ciblées, selon un processus automatisé. – Recherche de nouvelles thématiques pour les animations des soirées de séminaires. – Élargissement des compétences pour pouvoir évoluer plus facilement dans l'entreprise. – Perfectionnement en anglais pour négocier au mieux les tarifs des prestataires étrangers. Etc.	**IMPORTANT/URGENT** – Grands projets avec échéances à respecter : finaliser l'organisation du séminaire à Oslo. – Gestion des situations de crise : prévoir les rapatriements des mille deux cents commerciaux en cas d'intempéries. – Gestion de la comptabilité et suivi de l'activité. Etc.
–	**PAS IMPORTANT/PAS URGENT** – Traitement du courrier (regarder tout de même s'il n'y aurait pas des lettres recommandées à traiter en urgence). – Achat de fournitures : commander des classeurs et des agrafes pour le service. – Renouvellement d'abonnements : écrire au prestataire pour négocier un abonnement gratuit. – Appels téléphoniques sans valeur ajoutée. – Activités futiles. Etc.	**PAS IMPORTANT/URGENT** – Problèmes/sujets à régler rapidement : réserver le billet de train pour Lille. – Appels téléphoniques et e-mails : répondre aux demandes quotidiennes des clients. Etc.

Gardez en tête cette citation du théoricien américain du management Peter Drucker : *« Il n'y a rien de plus inutile que de faire avec efficacité quelque chose qui ne doit pas du tout être fait. »* À méditer…

Un maître mot : an-ti-ci-per

Le tableau ci-dessus vous permet de constater que le secret d'une gestion du temps maîtrisée tient à une bonne anticipation. Anticiper permet, en effet, de ne pas se laisser happer par les imprévus et de faire en sorte de réduire le degré d'urgence de chacune de ses activités. Pour ce faire, rien de tel que de construire un rétroplanning, qui vous permettra de visualiser vos échéances de court, moyen ou long terme.

Un exemple de rétroplanning

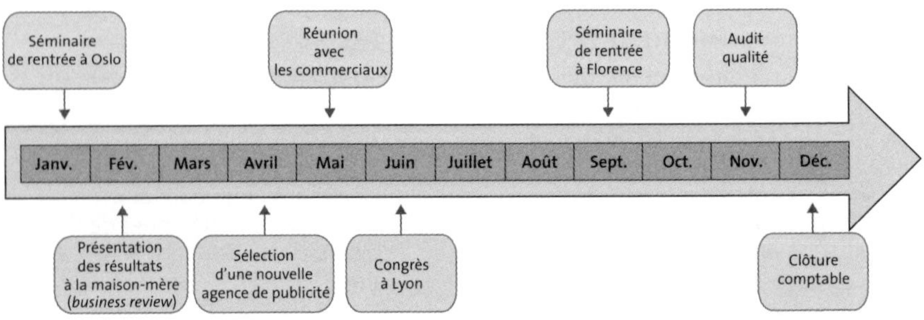

La meilleure façon de consacrer suffisamment de temps à vos activités « importantes/pas urgentes » et d'y travailler de façon proactive (car ce sont celles qui vous guident vers vos objectifs de moyen/long terme), c'est de réduire le temps passé aux activités « pas importantes », quel que soit leur degré d'urgence.

Une gestion du temps efficace est un facteur clé de succès qui vous permettra de tenir au mieux vos engagements.

RESPECTER SES ENGAGEMENTS

À force de vouloir paraître, briller en toutes circonstances et être bien vu à tout prix, nous avons parfois tendance, emportés par notre enthousiasme et notre acharnement, à faire des promesses que nous ne pouvons raisonnablement tenir. Or, il n'y a rien de pire pour notre image que de ne pas respecter nos engagements ; c'est, à coup sûr, la perte de confiance assurée. En d'autres termes, nous sommes « grillés ».

Halte aux fausses promesses

Une personne qui s'engage est une personne responsable. Que vous travailliez seul ou bien en équipe, être responsable signifie effectuer correctement le travail demandé et en garantir les résultats auprès de vos clients. Il est inutile d'affirmer, par exemple, que vous êtes prêt à faire une présentation pour ce soir à la Direction si vous n'avez pas pris le temps de collecter l'ensemble des données nécessaires au préalable. De même, abstenez-vous d'annoncer à votre client que son chantier sera terminé à la fin du mois si vous n'avez pas vérifié la disponibilité des machines et des matériaux permettant de le finaliser dans des délais requis.

Dire « oui » à un projet que vous n'êtes pas sûr de pouvoir tenir à cent pour cent (par manque de temps ou de ressources financières, par exemple) risque fort de vous décrédibiliser. Votre chef et vos clients ne vous feront alors plus confiance pour d'autres missions.

Un bon moyen de vous aider à respecter vos engagements consiste à élaborer une « *to do list* » (ou, en français, « liste des choses à faire »), afin d'avoir une vision globale des tâches à accomplir ou des échéances à tenir sur une période donnée. Vous pouvez rédiger cette liste sur des Post-It, sur votre smartphone, sur votre calendrier dans Outlook, sur un fichier partagé avec vos collègues, sur votre agenda papier ou encore sur du papier libre.

Véritable pense-bête, elle vous permet également une exécution systématique des opérations récurrentes à mener.

Le respect des délais

Par manque d'organisation, d'anticipation ou de ressources, par négligence (syndrome de l'étudiant : « on a tout le temps ! »), par incompétence ou en raison d'une surcharge de travail avérée, le dépassement des délais est le problème le plus fréquemment rencontré lors de la mise en œuvre de projets. Exploser les délais accordés reste le plus sûr moyen de se retrouver dans le collimateur de son chef.

Si ce dernier vous fixe mercredi pour rendre un travail, le remettre jeudi, même à la première heure, ne lui conviendra pas. Ne pas tenir vos engagements révèle un manque de professionnalisme de votre part, et peut également mettre en péril le *business* ou l'organisation du reste de votre équipe.

Voici quelques conseils permettant d'éviter que des impondérables vous empêchent de tenir vos délais :

— Anticipez, en identifiant toutes les variables imaginables gravitant autour d'un projet, et mesurez-en les impacts.

— Intégrez des marges de sécurité supplémentaires à chaque étape du projet, afin de pallier les incertitudes.

— Travaillez vite (ce qui n'est pas antinomique avec le fait de travailler bien) et avec assiduité. Vos collègues disent que vous êtes un lambin ? Vous-même estimez que vous gagneriez à appuyer un peu plus sur l'accélérateur ? Si tel est le cas, efforcez-vous, devant votre chef, de vous montrer « à la hauteur » : prouvez-lui que vous réfléchissez aussi vite que lui, donnez vos arguments en temps réel. En réagissant ainsi, au quart de tour (ou en en donnant l'impression), vous vous placez sur un pied d'égalité avec lui.

— Faites des compromis sur le contenu du travail demandé, en accord avec votre donneur d'ordre. En effet, réduire les détails, le degré d'analyse ou encore le nombre de recommandations peut vous permettre de raccourcir les délais.

— Remettez à leur place vos collègues qui cherchent à se décharger de leurs tâches les plus ingrates sur vous ou à ne pas endosser leurs responsabilités. Un problème de moins à gérer, c'est autant de temps gagné pour sécuriser vos délais. En d'autres termes, « retirez les singes » qui s'agrippent sur vos épaules !

Et si, malgré tous vos efforts d'anticipation et d'organisation, l'imprévu parvient à brouiller vos projets, il ne vous reste plus qu'à expliquer de façon transparente à vos interlocuteurs pourquoi il est impossible de garantir vos « délivrables ». Reportez-les alors à une date ultérieure clairement définie. Se montrer capable de refuser une tâche difficile ou un délai intenable démontre votre maturité et votre caractère responsable.

Les jeunes débutant leur carrière professionnelle pensent qu'intelligence, implication, qualité et quantité de travail suffisent pour être repérés dans l'entreprise. C'est une pure croyance, car en réalité, il n'en est rien. Afin de comprendre pourquoi l'air chaud monte plus vite les échelons de la hiérarchie que la matière grise, je vous propose de revenir à nos... produits : qu'adviendrait-il du *gloss* dernier cri composé de microparticules de diamant, s'il était présenté dans un packaging en carton recyclable et coincé dans les rayons de votre supermarché, entre les crèmes bas de gamme pour homme et les shampooings antipelliculaires ? Comment parviendrait-il à briller, à susciter l'envie de la consommatrice en quête de rêve et de sensations nouvelles ? Il en est de même pour nous, dans notre vie professionnelle : aussi compétents que nous soyons, nous ne remporterons jamais la préférence de nos supérieurs si nous ne sommes pas joliment emballés.

Ce sont à présent les douze composantes d'un packaging réussi que je vous propose de détailler dans les pages qui vont suivre.

RÈGLE N° 2

FAIRE JOUER SON INTELLIGENCE RELATIONNELLE AVEC SON CHEF

Dans un contexte économico-social marqué par une incertitude généralisée, des réorganisations à tout va, le gel des salaires et des plans sociaux pas toujours dorés, les salariés cherchent à faire illusion et à masquer leurs difficultés ou leurs erreurs, de peur des représailles : « *Et si c'était pour moi, la prochaine charrette ?* » Le « zéro défaut » est de rigueur.

Or, la confiance accordée par votre chef ne peut s'instaurer que si vous lui donnez un minimum de visibilité sur votre travail et vos ambitions, si vous osez tirer la sonnette d'alarme lorsque vous pressentez que vous ne pourrez tenir vos engagements et si vous le sollicitez lorsque vous ne savez comment vous y prendre. Si vous voulez être bien vu, la transparence est de mise. Toutefois, de même qu'il paraîtrait qu'une femme à moitié vêtue susciterait davantage la convoitise de le gente masculine qu'une femme nue, veillez à conserver sur vous un voile de mystère, à travers lequel vous prendrez le temps d'observer votre chef pour tenter de décrypter, à votre tour, sa personnalité et son style de management.

Vous pourrez ainsi vous y adapter au mieux et user de ruses psychologiques au moment opportun. Après tout, une petite dose de manipulation n'a jamais fait de mal à personne !

UN PEU DE PSYCHOLOGIE, POUR VOUS METTRE AU DIAPASON

Pour une évaluation de fin d'année réussie et, plus généralement, pour une évolution de carrière en flèche, se trouver dans les petits papiers de son supérieur hiérarchique est indispensable. En effet, ne perdez pas de vue qu'en matière d'organisation du travail, de proposition d'augmentation salariale et d'évolution professionnelle, votre chef (même s'il sollicitera bien souvent son propre patron) demeure généralement le seul décisionnaire, aussi important que soit le poids des responsables RH au sein de votre entreprise. C'est donc « la » personne phare de votre carrière, celle que vous devez choyer à tout prix, en vous appuyant sur une petite dose de politique et sur la compréhension de quelques mécanismes psychologiques de base. Veillez toutefois à ne pas trop en faire…

Solliciter son intelligence émotionnelle, c'est trouver le juste équilibre, en positionnant correctement le curseur entre le « trop » et le « pas assez ».

Trouver son style

La qualité de toute relation, qu'elle soit personnelle ou professionnelle, réside dans la fluidité de la communication qui y règne. Ainsi, plus les grains de sable viennent gripper les échanges, plus votre chef risque de vous prendre en grippe ! Le plus sûr moyen d'optimiser la qualité de vos relations avec lui consiste à vous adapter à son style de management et à son « état du moi » dominant.

Pour ce faire, rien de tel que de prendre appui sur les grands enseignements de l'analyse transactionnelle, théorie développée dans les années 1950 par le psychiatre américain fondateur de l'analyse transactionnelle Eric Berne, dont l'objectif consiste à prendre conscience et à analyser les relations (appelées transactions) entre deux ou plusieurs personnes. L'analyse transactionnelle repose sur l'identification et l'analyse des trois états du moi constitutifs de la personnalité de chacun : le Parent, l'Enfant et l'Adulte.

Les deux types de transactions les plus fréquemment rencontrées dans les échanges entre un chef et ses collaborateurs sont les suivantes :

La relation Parent (le chef) → Enfant (le collaborateur)

Dans ce scénario, la relation s'exprime sous forme de soumission. Cette dernière nous replonge dans les rapports de sujétion que tout un chacun a entretenus par le passé, avec ses parents. En effet, lorsque notre survie dépendait d'eux, la docilité était de mise. Mais jouer profil bas n'est pas une position à adopter systématiquement. En effet, être apprécié de son chef ne signifie pas qu'il faille se comporter en sous-fifre soumis aux ordres ! Ce n'est pas en acquiesçant à la moindre de ses remarques que vous susciterez son respect. Votre chef ne doit pas sentir qu'il vous impressionne et que sa position l'autorise à vous demander n'importe quoi. Savoir se valoriser (voir page 58) et se positionner d'égal à égal peut vous rapporter bien davantage…

La relation Adulte (le chef) → Adulte (le collaborateur)

Devenus adultes, rien ne semble plus nous contraindre à nous soumettre, consciemment ou non, à l'autorité et à ignorer nos propres besoins. Pourtant, nous continuons bien souvent à nous comporter comme si tel était encore le cas. La relation Adulte-Adulte, basée sur l'indépendance et l'autonomie, est particulièrement difficile à construire, puis à pérenniser. En effet, pour être reconnu par votre supérieur, il va falloir vous montrer à la hauteur des enjeux, non seulement en brillant par vos compétences et en adoptant un comportement qui suscite la confiance, mais également en vous positionnant d'égal à égal avec lui.

Identifier le style de management favori de votre chef et être capable de vous y adapter est primordial. Par exemple, habitué à travailler avec un patron plutôt « cool », vous tapant dans le dos et débitant une blague à la minute (c'est-à-dire à un patron dont l'état du moi « Enfant » est très développé), vous devrez sérieusement vous adapter face à un nouveau chef plutôt du genre « Parent », manageant ses équipes (qu'il vouvoie) à l'ancienne.

Beaucoup d'écoute

Sans tomber dans la flagornerie, flatter subtilement son patron fonctionne toujours ! Le meilleur moyen d'y parvenir, c'est d'allier un peu de psychologie à un peu de politique. Introduire une petite dose de psychologie dans vos relations avec autrui implique avant tout une grande écoute de votre part. Si vous attendez de votre chef qu'il vous écoute et comprenne vos problèmes, faites de même. Votre chef appréciera davantage d'engager la conversation avec quelqu'un qui l'écoute plutôt qu'avec celui ou celle qui se lance dans un monologue à n'en plus finir. Écouter signifie également respecter son interlocuteur. Vous apprendrez beaucoup plus sur votre chef en le laissant parler plutôt qu'en cherchant à tout prix à vous mettre en avant. D'après le consultant Thierry Do Espirito, « *vous pouvez gagner dix fois plus en écoutant deux fois plus* »[1]. S'il s'agissait d'euros, le jeu en vaudrait la chandelle !

1. Do Espirito, T., *Développez votre marque personnelle*, Leduc. S Éditions, 2011, p. 145.

Faites preuve d'empathie

Être dans l'empathie signifie, au sens étymologique du terme, « ressentir à l'intérieur ». L'empathie, c'est donc la capacité à se mettre à la place de l'autre : que pense-t-il ? Que ressent-il ? Elle implique *de facto* une grande capacité d'écoute et la faculté de pouvoir jouer les caméléons, en s'adaptant à tous les types d'interlocuteurs. Avec votre chef, pourquoi ne pas adopter la méthode du célèbre psychologue américain Milton Erickson, qui, afin de répondre au mieux à ce que désiraient ses professeurs, notait toutes leurs idées et tous leurs conseils sur une feuille qu'il relisait scrupuleusement lors de ses révisions. Ceci lui permettait de savoir exactement ce qu'on attendait de lui. Résultat : il obtint de telles notes qu'il fut accusé de tricherie.

Les galons de votre patron ne le protègent pas des tensions qu'il peut connaître, avec ses pairs comme avec sa hiérarchie, ni de la pression qu'il subit quotidiennement. Ainsi, lorsque vous le sentez à bout de nerfs, pourquoi ne pas lui proposer votre aide ? Il accueillera certainement très favorablement votre geste, peut-être même surpris que vous ayez fait preuve d'empathie envers lui. Votre objectif ne consiste pas, bien entendu, à vous apitoyer sur son sort ni à tomber dans la compassion, mais dites-vous que tout manager (surtout s'il est récent à son poste) est pris dans des problématiques, des exigences et des jeux de pouvoir bien particuliers et qu'il peut se sentir isolé vis-à-vis du reste de son équipe. Alors retrouvez vite vos réflexes acquis à la maternelle, lorsque vous alliez voir le maître à la fin de la classe pour être récompensé !

MISER SUR LA TRANSPARENCE

Dans les relations avec votre chef, mieux vaut vous abstenir de jouer de la pompe à brouillard ! Bannissez la langue de bois et les requêtes à mi-mots. Osez lui demander conseil (même lorsque vous êtes persuadé d'être sur la bonne voie), tirer la sonnette d'alarme avant qu'il ne soit trop tard, en l'alertant en cas de difficulté ou de situations susceptibles d'avoir un impact sur la vie de l'entreprise. N'ayez crainte de lui avouer que vous ne savez pas ou que vous avez commis une erreur. Ne dit-on pas, en effet, que toute erreur avouée est déjà à moitié pardonnée ?

Savoir dire « je ne sais pas »

Pour sauver les apparences, nous mettons bien souvent un masque, feignant de savoir quand nous ne savons pas, afin de briller, coûte que coûte. Mais les patrons n'aiment pas les collaborateurs péremptoires, qui se prennent pour des *supermen* ou des *wonderwomen*, qui ont tout vu et qui se targuent de tout connaître. Vous aurez parfois tout intérêt à jouer profil bas, quitte à dévaloriser sciemment votre apport ou à sous-estimer votre travail, sans craindre de faire part de vos faiblesses, de vos doutes et de vos incertitudes (mais en veillant à mettre systématiquement en avant les moyens d'y faire face). Cette approche renforce la confiance avec vos interlocuteurs, car ce faisant, vous laissez supposer que vous êtes loin d'être infaillible et cette vulnérabilité subtilement amenée ne pourra que séduire votre patron, qui préférera sans aucun doute votre attitude à celle de vos collègues aux dents longues.

On ne vous demandera jamais de tout connaître. Ne craignez donc pas de vous tromper. Même les collaborateurs les plus performants commettent des erreurs : le « zéro défaut, zéro faute » n'existe pas. De plus, on apprend toujours, non seulement de ses réussites (qu'est-ce qui a fonctionné et que je vais pouvoir reproduire ?), mais aussi de ses échecs (quelles difficultés n'avais-je pas anticipé et comment pourrai-je faire la prochaine fois pour les éviter ?). Comme le soulignait très justement Paul Arden, « *celui qui ne se trompe jamais a peu de chances de réussir* »[1], poursuivant « *on a tort d'avoir raison, car ceux qui ont raison sont des gens englués dans le passé, des gens ternes et suffisants, à l'esprit rigide. Il n'y a rien à en tirer* »[2].

Un bon conseil : ne cherchez jamais à camoufler vos difficultés ou vos erreurs à votre chef. En effet, persévérer sur la mauvaise voie en toute connaissance de cause peut vous conduire directement vers la sortie !

Aussi surprenant que cela puisse paraître, il est toujours préférable de consigner par écrit (par exemple, *via* des e-mails) vos doutes. En effet, comme le dit le proverbe, « les paroles s'effacent, les écrits restent ». Aucun chef ne pourra alors vous reprocher de ne pas l'avoir tenu informé des difficultés auxquelles vous êtes confronté et auxquelles il est censé remédier.

Cependant, prendre le risque de se tromper et, implicitement, de se faire mal voir, requiert une bonne dose de confiance en soi, conditionnée par les messages que nous ont transmis nos parents, mais aussi, plus tard, dans l'entreprise, par les signes de reconnaissance et de valorisation reçus par nos collègues et notre chef. À ce sujet, les psychiatres Christophe André et François Lelord nous font remarquer qu'« *au travers de toutes nos activités, nous recherchons le plus souvent à satisfaire deux grands besoins*

1. Arden, P., *op. cit.*, p. 50.
2. *Ibid.*, p. 55.

[...] : nous sentir aimés (appréciés, sympathiques, populaires, désirés, etc.) et nous sentir compétents (performants, doués, habiles, etc.) »[1].

Trouver le juste équilibre entre autonomie et soutien

L'autonomie est une qualité très souvent mentionnée dans les questionnaires d'évaluation de performance ou dans les petites annonces de recrutement : « savoir faire ceci ou cela en toute autonomie », « savoir gérer ceci ou cela de façon autonome », « savoir mener à bien une tâche avec la plus grande autonomie », etc. Ceci signifie que, quel que soit votre niveau dans la hiérarchie, votre chef attendra de vous, non seulement que vous maîtrisiez parfaitement votre sujet et vos dossiers, mais aussi que vous évitiez de le déranger pour un oui ou pour un non et de l'inonder d'e-mails sans importance.

Trop de sollicitations de votre part laisseraient entendre que vous n'êtes pas capable de gérer les problèmes ou les situations complexes.

Venez avec des solutions, pas des problèmes !

En dépit de ce que professait Albert Einstein en disant « *Si j'avais une heure pour sauver le monde, je devrais passer cinquante-cinq minutes à définir le problème et seulement cinq minutes à trouver la solution* », dans le monde du travail, il est nettement préférable de passer cinq minutes à exposer le problème, et cinquante-cinq minutes à envisager les solutions... Un problème apparaît dès lors qu'il existe un écart →

1. André, C., Lelord, F., *L'estime de soi*, Éditions Odile Jacob, 2002, p. 25.

→

entre une situation réelle initiale, jugée insatisfaisante, et une situation souhaitée plus satisfaisante. Trouver la solution au problème consiste donc à analyser cet écart, puis à chercher à le combler. On y parvient grâce à la mise en commun des expériences personnelles, permettant en général de rechercher les causes d'un problème, pour arriver à un compromis acceptable pour tous : la solution. Certes, on vous a toujours enseigné que la notion de problème renvoyait à une question à résoudre par des procédés mathématiques. Pour autant, ôtez-vous de l'esprit que le problème est forcément une question difficile à résoudre. Rien de tel qu'un minimum de vision associé à une bonne dose d'anticipation afin de pouvoir trouver des solutions très rapidement. Lorsque vous présentez à votre chef des solutions plutôt que des problèmes stériles, vous marquez des points.

Consulter votre chef à bon escient et avec tact témoignera de votre motivation et de votre volonté de progresser. Cela accélérera par la même occasion votre courbe d'apprentissage.

RÈGLE N° 3

RESPECTER UN PRINCIPE DE BASE : LE CHEF A TOUJOURS RAISON

C'est un principe auquel nous nous conformons depuis notre plus tendre enfance. En effet, avant même d'avoir appris les codes sociaux, nous avons appris à obéir pour ne pas dévier du droit chemin. Les règles sociales inculquées par nos parents passaient déjà par des injonctions telles que : « *ne mets pas tes coudes sur la table* », « *dis bonjour quand tu croises un voisin dans la rue* », etc. En situation professionnelle, nous retrouvons *de facto* ce modèle : le chef, figure parentale, donne des directives[1] et contribue, ainsi, à faire régner l'ordre, la sécurité et, surtout, à faire « tourner » le *business*.

Dans ce contexte, désobéir, c'est prendre le risque de se marginaliser, de provoquer chez le donneur d'ordre un désordre affectif et organisationnel et, pire que tout, de se voir sévèrement réprimandé et, par voie de conséquence, mal évalué.

1. En droit du travail, le lien entre un chef et son subordonné, fondement de la relation contractuelle, est appelé « lien de subordination ».

ÉVITER LES REMISES EN QUESTION (SURTOUT EN PUBLIC)

Quel que soit le style de management de votre chef, évitez de discuter ses décisions, ses façons de faire, ses opinions, ses jugements, etc. : c'est lui, le chef et, à ce titre, dites-vous bien qu'il a rarement tort ! Ceci est d'autant plus vrai s'il dispose d'un haut degré d'expertise dans sa fonction et s'il est adepte d'un mode de management directif, fondé sur le respect des règles, des procédures et sur un modèle de prise de décision efficace et rapide.

Le contredire ou le remettre en cause peut lui signifier que vous lui livrez bataille, en cherchant à tout prix à grignoter des zones de pouvoir et à devenir calife à la place du calife. C'est là un jeu dangereux, surtout si la remise en question s'opère en public. Si vous ne cautionnez pas les positions prises par votre chef, il est toujours préférable de le lui dire seul à seul plutôt que devant tous vos collègues.

Nous en connaissons tous, des individus qui, en quête de confrontation, de défiance et de provocation, ont eu vite fait de prendre la porte pour avoir osé affronter ouvertement leur supérieur !

« On a raison d'avoir tort »

Votre chef est sûr de détenir la vérité ou est convaincu d'appliquer systématiquement les meilleurs savoir-faire ? Vous êtes, quant à vous, persuadé du contraire ? Qu'à cela ne tienne : ne le contredisez surtout pas ! Le chef aime avoir raison, alors arrangez-vous pour lui renvoyer l'image d'un individu surpuissant. Retenez ce grand principe, largement éprouvé : même lorsque vous pensez que votre chef a tort, dites-vous qu'il a toujours raison ! Laissez votre orgueil au vestiaire et continuez à le valoriser dans son rôle de manager.

De façon générale, les individus estiment avoir raison parce qu'ils s'appuient sur des savoirs, des savoir-faire et des expériences passés, qu'ils reproduisent sans la moindre créativité. Ceci sous-entend que « *si vous pouvez prouver que vous avez raison, c'est que vous êtes sclérosé. Vous n'évoluez pas avec votre époque ni avec les autres* »[1]. Si vous reconnaissez votre chef dans ce terrible portrait, qu'importe ? Laissez-le dire, laissez-le faire.

Saute-mouton : un jeu dangereux

Un bon conseil : ne tentez pas de court-circuiter votre supérieur hiérarchique direct (dit votre « N +1 ») en passant directement par la case de son propre supérieur (le « N +1 » de votre « N +1 », c'est-à-dire votre N +2).

Quatre mauvaises raisons de vouloir court-circuiter son chef

- Vous vous estimez plus compétent que lui sur le sujet et pensez qu'il ne pourra rien vous apporter.
- Sous prétexte que vous êtes tenu par des délais serrés pour rendre votre copie ou mener à bien votre projet, vous êtes persuadé que le simple fait de le tenir informé ou de lui demander son approbation pour pouvoir avancer constitue du temps perdu.
- Animé par un besoin de valorisation poussé à outrance, vous cherchez à briller, toujours plus et auprès des managers placés toujours plus haut dans la hiérarchie.
- En conflit avec votre chef, vous n'osez l'affronter et pensez que tout va s'arranger si vous frappez à une autre porte (de préférence celle du Bon Dieu plutôt que celle de ses Saints...). Grave erreur !

1. Arden, P., *op. cit.*, p. 54.

Vous l'aurez compris : court-circuiter votre chef revient à le déposséder de son rôle de manager et/ou d'expert technique, à le mettre devant le fait accompli et à lui donner l'impression de perdre le contrôle. Quelle serait alors sa raison d'être ? Quand on sait à quel point une personne déstabilisée par son interlocuteur peut redoubler de méchanceté envers ce dernier, mieux vaut s'abstenir d'agir de la sorte.

C'est jouer avec le feu que de vouloir devenir calife à la place du calife. En effet, ne perdez pas de vue que votre ascension au sein de l'entreprise est entre les mains de votre chef direct. Le court-circuiter, c'est mettre à mal la relation de confiance indispensable à une bonne évaluation et à une évolution future.

DONNER DES IDÉES PLUTÔT QUE DES CONSEILS

Celui qui continue, jour après jour, à bien faire son travail, sans plus, et à appliquer *stricto sensu* les directives, sans jamais faire preuve d'un tant soit peu de créativité et d'idées, a toutes les chances de rester dans l'ombre. Si vous regorgez d'idées, osez donc les partager avec votre chef, après en avoir vérifié la pertinence auprès de quelques-uns de vos « gentils collègues » (si tant est qu'il en existe !). Et n'ayez crainte de les dévoiler aux autres, car, comme nous le faisait remarquer non sans humour Paul Arden, « *les idées sont à tout le monde [...]. Les idées sont dans l'air* »[1]. Alors, partager vos idées, oui ; abreuver vos interlocuteurs — *a fortiori* votre chef — de conseils, non. En effet, ce dernier aura l'impression que vous voulez prendre sa place, se sentira agressé, et traquera la moindre erreur pour vous sanctionner.

1. *Ibid.*, p. 30-31.

Laissez Narcisse[1] au vestiaire

Lorsque vous vous adressez à votre chef, évitez à tout prix les phrases commençant par « Moi, je » : « *Moi, j'aurais fait comme ceci* », « *Non, mais moi, je pense que vous auriez eu tout intérêt à faire comme cela* », etc. STOP ! Rappelez-vous que le chef a toujours raison. Inutile, donc, de chercher à tirer irrésistiblement la couverture à vous, de laisser penser que vous avez la science infuse et que les autres — votre chef compris — sont des bons à rien. En agissant de la sorte, quel bénéfice en tirez-vous ?

Quelques critères de la personnalité narcissique[2]

- Impérieuse nécessité de se mettre en avant et d'être admiré.
- Comportement méprisant envers les individus considérés comme inférieurs, qui ne servent que de faire-valoir.
- Souci de l'apparence physique. Le « paraître » l'emporte sur l'« être ».

Observez avec attention les collègues chez qui vous décelez une tendance narcissique : vous vous apercevrez que, contrairement aux apparences, ils n'ont pas forcément une

1. Dans la mythologie grecque, Narcisse est un jeune homme d'une grande beauté, qui tombe amoureux de son image. D'un caractère très fier, il repousse ses prétendants et prétendantes. La seule personne dont il admire le reflet dans l'eau et dont il tombe amoureux n'est autre que lui-même. Désespérant de ne jamais pouvoir rattraper sa propre image, il meurt d'une passion qu'il ne peut assouvir. Selon la mythologie, on découvrit des narcisses à l'endroit où fut retiré son corps. Le mythe de Narcisse est aujourd'hui passé dans le langage courant ; on dit d'une personne qui s'aime exagérément qu'elle est narcissique.

2. D'après André, C., Muzo, *Je résiste aux personnalités toxiques (et autres casse-pieds)*, Le Seuil, 2007, p. 58.

bonne image d'eux-mêmes. Le fait de se regarder le nombril à longueur de journée et de jeter à la figure de leurs interlocuteurs leur *ego* démesuré cache souvent une profonde dévalorisation de soi et un complexe d'infériorité. Pour sauver les apparences, ils portent un masque et se réfugient dans l'accusation des autres.

Rabaisser autrui, consciemment ou non, représente pour eux une façon de rehausser leur faible estime de soi. C'est une tactique très répandue chez les « perdants ». Vous ne gagnerez rien à adopter ce genre de comportement.

Prendre la température avant de se lancer

Amener des idées, c'est prendre le risque de s'exposer au jugement de l'autre en général, et, plus particulièrement, à la critique. Et vous avez pu remarquer à quel point vos collègues, voire votre chef, vous attendent au tournant, cherchant à déceler chez vous la moindre faille, pour mieux vous « enfoncer » dès que vous avez le dos tourné. En la matière, la plus grande prudence est donc de mise.

Deux bonnes tactiques à adopter

Renseignez-vous sur l'avis de votre chef pour pouvoir le reprendre à votre compte. De même, mémorisez ses remarques, ses bons tuyaux ou sa façon d'aborder les problématiques, afin de les « ressortir » quelques jours — ou mieux, quelques mois plus tard, laissant entendre que les idées viennent de vous.

Commencez par lui résister avant de finir par vous ranger à son avis. Exemple : « *C'est vrai qu'au début, je n'étais pas d'accord avec vous, mais maintenant que vous m'avez apporté les explications, c'est plus clair.* » Vous pouvez même oser un « *vous m'avez totalement convaincu...* ». Les spécialistes de →

→
l'approche systémique nous expliqueraient que, lorsque vous montrez une résistance à votre chef, ce dernier aura naturellement tendance à s'y opposer, avec une force équivalente à la vôtre.

En apportant des idées, vous devenez incontournable, c'est-à-dire celui ou celle dont votre responsable et vos collègues ne pourront plus se passer et dont ils attendront toujours davantage de créativité. Toutefois, dans certains cas, il peut s'avérer plus judicieux de garder vos meilleures idées ou conseils pour vous. Car, par malheur, s'il s'avère qu'ils ne sont finalement pas si bons que cela, vous aurez la chance de ne pas être montré du doigt en cas d'échec !

Une créativité bridée

À l'heure où toutes les entreprises proposent « *à peu près les mêmes produits ou services, de qualité égale, fabriqués selon les mêmes* process, *avec des prix tous plus compétitifs les uns que les autres, la source de différenciation [des entreprises] — et, par là même, la performance — ne repose plus tant sur les produits que sur les compétences (savoirs, savoir-faire et savoir-être) des hommes qui les composent* »[1]. Les métiers, les structures et les *business models* évoluent, nécessitant la maîtrise et la mise en application de compétences comme la créativité ou la capacité d'innovation. Aujourd'hui, sans un minimum d'initiatives et d'innovation de notre part, les entreprises ne pourront pas s'adapter au changement permanent qui leur est imposé.

Mais de quelle marge de manœuvre disposons-nous vraiment (surtout dans les organisations où la culture d'entreprise est

1. Bourgeois, L., *Éloge de la critique et des jeux de pouvoir en entreprise*, Eyrolles, 2013, p. 116.

très forte[1]) pour bousculer les lignes de conduite et laisser s'exprimer notre créativité ? Est-il possible, voire souhaitable, de penser « *out of the box* », c'est-à-dire en dehors des chemins étroits dans lesquels nous sommes, implicitement ou non, incités à rester ? Comment la créativité requise peut-elle émerger, dans un contexte nous renvoyant « *à l'époque féodale, au règne des seigneurs et des rois* »[2] et favorisant insidieusement les stéréotypes et la standardisation des comportements… ?

On ne vous reprochera jamais d'avoir des idées, mais uniquement si elles ne remettent pas en question des systèmes existants… Dès lors, il est inutile de s'acharner à vouloir réinventer la roue et à remettre en question les processus établis. Nous verrons dans la règle d'or numéro quatre que, de façon générale, il est recommandé (et c'est un euphémisme) de rester dans le cadre, entre les lignes directrices fixées par votre hiérarchie et dans les normes définies par l'organisation où vous travaillez.

Veillez donc à ne pas faire preuve de trop de pragmatisme et de bon sens, au risque de vous détourner des règles et des procédures. À méditer.

1. Voir la règle d'or numéro quatre.

2. Le Goff, J.-P., *Le mythe de l'entreprise*, La Découverte, coll. « Essais », 1992, *in* Dubelly, C., *Fiches de lecture de la chaire DSO*, 1999.

PRIVILÉGIER LES MAUVAISES RECOMMANDATIONS AUX BONNES DÉCISIONS

Décider, c'est trancher, c'est-à-dire pencher de l'un ou de l'autre côté de la balance. C'est donc, aussi, prendre des risques. Or, sauf à être masochiste, nous préférons toujours envoyer notre voisin au casse-pipe, plutôt que de voir les reproches s'abattre sur nous. Faites donc preuve de beaucoup de discernement et ne suivez pas trop les « bons » conseils de ceux qui vous répètent inlassablement : *« Vas-y ! Lance-toi, ose prendre des risques ! N'aie pas peur d'échouer : c'est comme ça que l'on progresse. »*

Se soumettre… ou se démettre

Vous êtes convaincu d'avoir raison et de disposer de tous les éléments pour prendre une bonne décision ? Cela vous démange d'exprimer — voire d'imposer — votre point de vue ? Vous aimeriez rembarrer vos collègues, pensant détenir la vérité ? Si tel est le cas, vous constaterez vite qu'il est parfois préférable de mettre votre orgueil dans votre poche et de laisser aux autres la responsabilité de la décision. D'ailleurs, on pourrait toujours vous reprocher de ne pas avoir pris la bonne. En amenant des idées, en fournissant un travail de qualité, en reprenant adroitement à votre compte les réussites des autres et en rejetant quand cela s'avère judicieux la prise de décision sur autrui, vous devenez l'homme ou la femme indispensable pour votre entreprise.

En revanche, le problème se pose si, selon le désormais

célèbre modèle comportemental « *Success Insight* »[1], vous êtes étiqueté comme un salarié dit « rouge », c'est-à-dire un décideur né.

Quel que soit votre profil, je ne saurais trop vous recommander de toujours obtenir l'accord de votre chef lorsque vous prenez une décision (ce d'autant plus que l'impact de cette dernière est élevé) ; cela valorise, sécurise et permet aussi de limiter le nombre de décisions prises.

Vous l'avez donc compris : pour être éligible à une belle augmentation, point de rébellion !

Les bienfaits du compromis

En situation professionnelle — et ce, d'autant plus en présence de votre chef —, le compromis offre le mérite de ne contredire et de ne froisser personne.

Grâce à cette méthode de prise de décision, par laquelle deux parties (ou plus), annoncent leur position respective et acceptent de la modifier, petit à petit, par des concessions mesurées et réciproques, chacun se sent « obligé » de concéder quelque chose à l'autre[2]. Pour Jean Kaspar, Président de la Commission du Grand Dialogue à La Poste, « *le compromis, c'est l'expression de l'intelligence des hommes et des femmes qui comprennent qu'il faut vivre ensemble* »[3].

Dans ce processus de décision basé sur la négociation, personne n'est mis à mal ni montré du doigt. De même,

1. Le modèle *Success Insight*, utilisé dans les entreprises en vue d'améliorer l'efficacité relationnelle entre les salariés, distingue quatre profils comportementaux majeurs, chacun étant défini par une couleur (rouge, bleu, vert et jaune).

2. Source : Wikipédia, « Compromis », mise à jour mars 2013.

3. Kaspar, J., conférence-débat « L'industrie du médicament, une mutation qui s'accélère, des impacts à anticiper » (21 février 2013).

personne ne semble faire la guerre à ses collègues (l'objectif final visant à prendre une décision plutôt que de gagner la bataille). Souvent qualifié de « mou », dans la mesure où il repose sur l'absence d'opposition réelle, le compromis est généralement ressenti par les parties comme un équilibre « perdants-perdants ». Peu importe, car c'est le processus décisionnel qui vous permettra de vous fondre au mieux dans votre environnement professionnel et de ne vous attirer les foudres de personne.

ENTRER DANS LE MOULE, POUR NE PAS SE FAIRE PINCER TRÈS FORT

Il paraît très difficile de s'épanouir professionnellement et de réussir dans une organisation si l'on n'adhère pas à ses valeurs et, plus largement, à sa culture. Êtes-vous sûr d'être sur la même longueur d'ondes que votre entreprise ? Avez-vous l'impression de partager « l'esprit maison » ?

Que vous soyez en recherche d'emploi, nouvelle recrue ou collaborateur chevronné, il est capital de passer du temps à identifier et à comprendre la culture de votre entreprise ; c'est le gage d'une intégration et d'une évolution réussies.

Il vous appartiendra ensuite, en toute connaissance de cause, de rester dans le cadre ainsi défini par l'organisation ou de vous en affranchir, au risque de ne plus partager le quotidien de ses « Gentils Membres ».

DÉCODER LA CULTURE

La culture regroupe l'ensemble des valeurs, des normes, des symboles, des rituels et des règles qui constituent l'identité d'une l'entreprise. C'est, en quelque sorte, sa marque. Une marque souvent très forte, que je compare volontiers « *au texte que les acteurs de l'entreprise doivent connaître par cœur et auquel ils doivent se conformer, afin de pouvoir jouer harmonieusement au sein de l'organisation* »[1].

« *Définir une culture et des symboles communs à partager [...] prend du temps et coûte très cher. De nombreux consultants et gourous du management défilent dans les bureaux des directions, proposant de véritables "bibles d'entreprise"* »[2] fondées sur des valeurs universelles.

Au-delà de leurs compétences techniques et savoir-faire, les entreprises vont s'attacher à intégrer et à promouvoir des salariés qui sauront partager leurs valeurs, partant du principe que l'adhésion à « l'esprit maison » est un gage de fidélisation, d'implication, de motivation, d'appartenance et, par voie de conséquence, de performance accrue de la part des salariés.

Des valeurs universelles

Invariablement, les valeurs des entreprises tournent autour des « *sempiternelles notions d'inclusion, de performance collective, de partage, d'intégrité, d'éthique ou de respect* »[3].

1. Bourgeois, L., *op. cit.*, p. 10.
2. *Ibid*, p. 15.
3. *Ibid.*

Voici quelques-unes des valeurs les plus fréquemment prônées par les organisations :

Éthique Intégrité Transparence Respect	Bienveillance Inclusion Solidarité Partage	Travail en équipe Responsabilité Courage *Leadership*

Vous fondre dans ce décor factice vous rendra — sauf à commettre de gravissimes bévues — inattaquable. Vous mettrez toutes les chances de votre côté de vous faire bien voir, car votre adhésion aux valeurs de l'entreprise témoignera d'un engagement fort de votre part et fera de vous un employé « modèle ». De plus, formant un tout avec votre entreprise, vous ferez partie des murs.

Jouez les détectives !

Les valeurs étant par définition des éléments intangibles et immatériels, il est difficile de les identifier. Au-delà de votre ressenti sur telle ou telle organisation ou tel ou tel manager, je vous invite à vous pencher sur les meilleurs moyens de détecter les valeurs (tout particulièrement si vous êtes sur le point de vous faire embaucher).

Il existe plusieurs médias sur lesquels vous appuyer pour recueillir les informations désirées :

— Consultez le site Internet de l'entreprise, qui inclut très souvent une rubrique « ressources humaines », où vous pourrez notamment trouver des éléments sur la politique sociale, des photos et témoignages de salariés, la déclinaison des valeurs phares du groupe, etc.

— Effectuez une requête *via* un moteur de recherche sur Internet pour vous renseigner sur l'actualité de l'entreprise.

— Analysez le contenu des offres d'emploi auxquelles vous vous apprêtez à postuler peut également vous apporter de bons indices.

— Utilisez votre réseau (idéalement des collaborateurs appartenant à l'entreprise en question) pour vous renseigner sur l'entreprise, ses orientations stratégiques, ses valeurs, les profils recherchés, les comportements attendus, son climat social, ses ambitions, etc.

« Tu » ou « vous » ?

En France, le fait de vouvoyer ou de tutoyer son chef ou ses collègues dépend fortement de la culture d'entreprise et des codes de « bonne conduite ». Ce choix est loin d'être anodin. Si certaines entreprises privilégient des relations décontractées, d'autres, au contraire, préféreront maintenir une certaine distance dans les échanges interindividuels. Dans certains secteurs professionnels, le tutoiement est la règle d'usage. Il en est ainsi notamment dans les milieux de la mode, de la communication, de la publicité et des *start-up*. Plus généralement, de grands groupes misent aujourd'hui sur ce mode de communication, dans le but de renforcer la proximité entre salariés, de favoriser l'esprit d'équipe, le sentiment d'appartenance, et de créer une atmosphère de travail décontractée.

Dans tous les cas, il va s'agir de vous plier aux us et coutumes de votre entreprise et au style de management de votre chef, et ceci dès le début, sous peine d'être rejeté du groupe, montré du doigt, ou qualifié de collaborateur inadaptable.

ADOPTER LES BONNES ATTITUDES

De l'embauche à la sortie, la voie du succès dans l'entreprise est parsemée de signaux indiquant si vous êtes ou non dans la bonne direction par rapport aux codes de bonne conduite ainsi qu'aux valeurs requises. La clé d'une intégration puis d'une évolution réussie consiste à se fondre dans le moule : rien ne doit dépasser ! Il est ainsi fortement recommandé non seulement de se conformer aux valeurs et à la culture d'entreprise souhaitées, mais également de respecter les normes, les procédures et les directives imposées.

Réussir son intégration

S'intégrer signifie répondre positivement à une sollicitation, qu'elle soit familiale ou professionnelle : se faire des amis en classe, nouer des relations professionnelles, entretenir des contacts réguliers sur les réseaux sociaux, se fondre dans le moule culturel dominant de l'entreprise, parvenir à établir des relations harmonieuses avec sa belle-famille, etc.

Dans le monde du travail, une intégration réussie constitue la clé d'entrée indispensable à une évaluation positive dans les mois, voire les années qui suivent. C'est donc une période charnière, conditionnant votre évolution de carrière, au cours de laquelle vous ne devez négliger aucun détail. En effet, comme on le dit en matière de recrutement, « *les dix premières secondes passées avec un candidat sont décisives et rare est celui ou celle qui a deux fois l'opportunité de faire une première bonne impression* [1] ». Pour le consultant Thierry Do Espirito, « *la première rencontre génère d'emblée des images fortes, tenaces, qui vont*

1. Bourgeois, L., *Profession Artiste, vivre de son art,* Eyrolles, 2012, p. 141.

perdurer longtemps après, et renforcer ou affaiblir la dimension et la densité de notre marque personnelle »[1].

Afin de permettre à leurs futurs collaborateurs de s'imprégner de leur culture, de plus en plus nombreuses sont les entreprises mettant en place des parcours balisés pour les nouvelles recrues : visite des locaux, séminaire d'accueil avec remise du journal interne, journées d'information, parrainage, etc. Ces programmes d'intégration permettent de répondre très vite aux questions suivantes : quelles sont les valeurs mises en avant ? Y adhérez-vous ? Quel est l'environnement de travail ? Quelle est la nature des rapports hiérarchiques ? Quelle tenue vestimentaire est exigée ?

En acquérant une vue d'ensemble des modes de fonctionnement et des pratiques de l'entreprise, il ne fait aucun doute que vous êtes plus rapidement opérationnel et, surtout, que vous mettez toutes les chances de votre côté de réussir votre période d'essai.

À savoir sur la période d'essai

La période d'essai correspond à vos premiers jours de travail dans l'entreprise. Sa durée varie en fonction du type de contrat (CDD, CDI), de votre catégorie professionnelle (ouvrier, employé, agent de maîtrise, cadre), ainsi que de la convention collective applicable à votre branche. « *La période d'essai permet à l'employeur d'évaluer les compétences du salarié dans son travail, notamment au regard de son expérience, et au salarié d'apprécier si les fonctions occupées lui conviennent* »[2]. C'est donc une période probatoire pendant laquelle l'une ou l'autre

→

1. Do Espirito, T., *op. cit.*, p. 64.

2. Source : Direction de l'information légale et administrative (Premier ministre), www.service-public.fr, mise à jour le 19 février 2013.

→

des parties (employeur et salarié) peut y mettre un terme sans avoir à se justifier. Soyez donc extrêmement vigilant quant à sa durée (en général, une courte durée protège davantage le salarié) ainsi qu'à son ou ses renouvellements. Ne perdez pas de vue que certains employeurs présentent une fâcheuse tendance à mettre régulièrement un terme à des contrats successifs pendant leur période probatoire, afin de ne pas embaucher définitivement le salarié, que ce soit en CDI ou en CDD...

Rester dans le cadre

Dans toute organisation, telle une épée de Damoclès, un cadre imaginaire plane sur tous les acteurs y interagissant. Ce cadre est délimité non seulement par les règles et procédures en vigueur dans l'entreprise, mais également par la culture de cette dernière, définie par Maurice Thévenet comme un ensemble de références partagées dans l'organisation, visant à générer certains types de comportements[1]. Censée entraîner une mobilisation individuelle et collective des acteurs, la culture d'entreprise prend malheureusement très souvent l'allure d'une chape de plomb, d'un « ciment »[2] agissant sur les acteurs de l'organisation tel « *un "grand prêtre" qui doit inculquer l'esprit de groupe et de sacrifice et chasser les esprits non conformes* »[3].

On constate à quel point un trop fort décalage entre, d'une part, la personnalité d'un individu et ses propres valeurs, et, d'autre part, celles de son entreprise, peut conduire à de mauvaises évaluations, et, plus généralement, à l'échec

1. Thévenet, M., *La culture d'entreprise*, coll. « Que sais-je ? », Presses Universitaires de France, 1993, p. 96.

2. Bagla, L., *Sociologie des organisations*, coll. « Repères », La Découverte, 2003, p. 54.

3. *Ibid.*

professionnel. Quasi systématiquement incluse dans les questionnaires d'appréciation des performances, la recherche d'adéquation avec les valeurs requises est évaluée, au même titre que les compétences techniques (comme la connaissance de l'anglais ou des logiciels informatiques). Mais sur quels critères tangibles se baser pour mesurer le degré d'atteinte d'objectifs liés, par exemple, à l'intégrité ou à la transparence ? C'est là que réside toute la difficulté... De même, votre chef peut, par exemple, vous reprocher de manquer de courtoisie avec vos collègues, alors qu'*a contrario*, vous avez réellement eu l'impression de faire de gros efforts cette année pour améliorer les relations avec vos voisins de bureau. Comment le lui prouver ? Force est de constater que « *le non-respect de ces valeurs conditionne bien souvent votre augmentation de salaire et, plus généralement, l'évolution de votre carrière au sein de l'entreprise* »[1].

Une bonne alternative : l'intrapreneuriat[2]

La politique d'intrapreunariat se développe aujourd'hui dans les grosses structures désireuses de promouvoir quelques-uns de leurs salariés à l'âme d'entrepreneur, « *opér[ant] dans un cadre organisationnel déjà façonné par d'autres* » et recherchant, à l'intérieur de l'entreprise, de nouvelles opportunités d'affaires. Paradoxalement, les intrapreneurs émergent « *dans les environnements bureaucratiques empesés par la complexification des structures et les pratiques procédurières* ». Ils se trouvent « *quelquefois à l'étroit, notamment dans les compagnies qui n'ont pas une grande culture du risque* ».

→

1. Bourgeois, L., *Éloge de la critique et des jeux de pouvoir en entreprise*, *op. cit.*, p. 119.

2. Source : Wikipédia, « Intrapreneur », mise à jour décembre 2011.

→

Quitte à être pénalisé ou sanctionné, « *l'intrapreneur choisit la voie de la liberté* ». C'est une solution politiquement et économiquement acceptable pour s'affranchir du cadre devenu pour certains trop contraignant.

Toutefois, étant donné que nous ne pouvons et ne désirons pas être tous des intrapreneurs, mieux vaut s'abstenir de prendre toute initiative nous faisant dévier des sentiers étroits où l'on nous incite à rester.

RÈGLE N° 5

FAIRE DE LA MOUSSE, SANS FAIRE DE VAGUES

En train de flâner dans les rayons hygiène et beauté de votre hypermarché, vous vous arrêtez sur le dernier shampooing à base d'éclats de quartz, dont le dernier numéro de votre magazine préféré annonçait la commercialisation prochaine. Présenté dans un flacon « top design » et parfaitement mis en évidence dans le rayonnage, vous êtes irrésistiblement attiré par le produit, d'autant plus que ce jour-là, une jolie hôtesse, employée par la société de cosmétiques, tient un stand et vante à qui veut l'entendre les mérites dudit shampooing. Dans les jours qui suivent, les chiffres de ventes sont au beau fixe : le marketing a fait son effet.

Immédiatement, vous faites le lien avec votre nouveau collègue, Bruno, qui, moins d'un an après son embauche, a déjà accédé aux postes suprêmes. Pourtant, vous vous dites : « *Bruno, il n'a pas inventé l'eau chaude ! Pourquoi lui ? Il n'est pas plus doué que moi… Pourquoi le boss le met-il donc déjà sur un piédestal ?* »

Le secret de Bruno consiste, à l'instar d'un produit de grande consommation, à faire régulièrement sa propre publicité et à savoir se vendre. En effet, si des salariés très compétents ne sont pas reconnus à leur juste valeur, et qu'*a contrario*, les plus médiocres accèdent parfois très rapidement aux plus hautes responsabilités, c'est que ces derniers savent communiquer efficacement et se valoriser, en mettant en avant la moindre de leurs actions.

SE MARKETER

Dans l'entreprise, chaque salarié est comparable à un produit ou à un service qui s'achète et se vend sur un marché, lieu de confrontation entre l'offre et la demande. Afin de promouvoir au mieux le « produit humain » que vous êtes, un minimum de connaissance des principes marketing s'impose. En effet, une mauvaise stratégie marketing et un manque de visibilité peuvent fortement obérer vos chances de réussite et de succès professionnels.

Les deux grandes étapes de la démarche marketing

Nous allons voir que réaliser son propre marketing nécessite de définir une stratégie, puis de la décliner en plans d'actions qui vous permettront d'atteindre vos objectifs.

Se positionner

Le positionnement, visant à définir la place spécifique octroyée à un produit dans l'esprit d'un consommateur, constitue le socle de toute démarche marketing. Il repose sur la perception d'une différence perçue par rapport aux produits concurrents.

Tout positionnement répond à quatre questions clés

Exemple du positionnement d'un produit pour petit déjeuner :

— **Je suis** une nouvelle préparation pour vos petits déjeuners.

— **Qui vous** apporte une énergie inégalée (différence en termes de caractéristiques produit).

— **Parce que** je suis composée de baies de Goji bio du Tibet (différence basée sur la technique/provenance).

— **Et donc,** en me consommant à chaque petit déjeuner, je vous garantis une énergie durable pendant toute une journée (promesse produit).

Le positionnement a donc pour objectif d'induire la notion de préférence chez le consommateur, afin que ce dernier achète un produit plutôt que le concurrent. Et qui dit préférence dit obligatoirement différence.

Vous concernant, le raisonnement est exactement identique ; si l'objectif n'est pas de vous comparer à un paquet de baies de Goji, il va néanmoins s'agir de valoriser vos différences auprès de votre chef : qu'est-ce qui vous rend différent des autres ? Quels sont les traits de personnalité, les talents, les expertises, les savoir-faire et les passions que vous souhaitez mettre en avant et qui vont faire de vous un collaborateur unique ? Le publicitaire Paul Arden recommandait d'identifier les points forts d'un produit et de les grossir, « *comme un caricaturiste exagère les traits d'un visage* »[1].

Choisir sa cible

Votre positionnement défini, il va à présent s'agir d'identifier les personnes susceptibles d'être intéressées par votre produit, c'est-à-dire… par vous ! Qui sont-elles ? Présentent-elles des caractéristiques communes (financières, sociales, culturelles, sportives, familiales, etc.) ? Comment allez-vous les identifier ? Par quels moyens allez-vous entrer en contact avec elles dans l'entreprise ?

Sans aller jusqu'à construire une base de données clients sophistiquée, votre objectif va consister à recenser, dans votre entourage professionnel, les individus susceptibles de vous épauler à un moment donné (ce sont d'ailleurs peut-être vos futurs sponsors[2]), ou encore ceux avec lesquels vous avez des points communs (rien de plus facile, ensuite, que de vous appuyer sur ces derniers pour vous valoriser). Et qui sait ? Ces collègues connaîtront peut-être eux aussi des personnes intéressantes pour vous, qui elles-mêmes, etc. En matière de communication et de vente, l'effet « boule de neige » est primordial.

C'est une réalité : les personnes qui développent un réseau solide de relations obtiennent de meilleures évaluations, davantage de promotions, et sont, *in fine*, mieux rémunérées. Le tissu relationnel constituant l'un des facteurs clés de succès de toute démarche marketing réussie, partez à la rencontre de l'autre : ne restez pas reclus dans votre bureau, assis derrière votre ordinateur. Quelle que soit votre position dans la hiérarchie, montrez-vous ! Indiquez que vous

1. Arden, P., *op.cit.*, p. 34.

2. Voir page 56.

existez ! Vous finirez par vous rendre compte que les collaborateurs avec lesquels vous n'aviez pas osé jusqu'à présent entrer en contact, et particulièrement ceux situés au plus haut des échelons hiérarchiques, sont finalement plutôt faciles d'abord, disponibles et capables d'être à votre écoute. Le tout est d'oser franchir le pas de la porte de leur bureau !

SE VENDRE

Observez attentivement autour de vous : tout le monde vend ou se vend, chacun à sa façon ! « *C'est vrai pour la boulangerie du métro parisien, qui diffuse une odeur de croissants en vue d'attirer les clients, comme pour la candidate qui se rend à un entretien d'embauche après avoir pris soin de se maquiller et de s'habiller selon les codes vestimentaires de la société convoitée.* »[1] Le produit humain n'y échappe pas !

Fort de ce constat, quels vecteurs de communication vont vous permettre d'atteindre vos objectifs… de vente ? Comment allez-vous vous vendre auprès des grands patrons ou des personnes d'influence pour renforcer au mieux votre notoriété, valoriser votre image ou redorer votre blason ? Avez-vous identifié les événements au cours desquels vous allez pouvoir briller ?

Avant tout, rappelez-vous qu'une « *qualité déficiente est synonyme de mauvaises affaires* »[2], ce qui signifie que, pour bien se vendre, il faut déjà parfaitement maîtriser son sujet.

1. *Profession Artiste, vivre de son art, op. cit.*, p. 103-104.
2. Kotler, P., *op. cit.*, p. 17.

Connaître son sujet

Afin d'être en mesure de mettre en avant votre travail, vos projets ou vos idées, un bon conseil : assurez-vous de connaître votre entreprise sur le bout des doigts (son activité, ses objectifs, sa vision et ses valeurs), histoire de ne pas raconter n'importe quoi et, surtout, de montrer à votre chef que vous vous intéressez à la vie de l'organisation qui vous emploie. De plus, cela vous permet d'inscrire vos actions dans un contexte plus global, démontrant ainsi votre ouverture d'esprit.

Ensuite, vous devez être incollable sur les sujets relevant de votre domaine de responsabilité et intarissable sur les passions qui vous animent. En effet, comment paraître crédible en parlant de quelque chose que l'on ne connaît qu'à moitié ?

Enfin, afin de pouvoir préparer au mieux votre évaluation de fin d'année, je vous encourage à tenir une liste de tous les projets et actions que vous avez finalisés. Vous serez ainsi parfaitement à l'aise pour expliquer à votre chef ce sur quoi vous avez travaillé et pour mettre efficacement en avant vos réalisations.

Choisir le bon mode de communication

À présent, vous allez devoir identifier les moyens de communication (réels ou virtuels) permettant de soutenir votre différence et de faire de vous « le » collaborateur indispensable à un service. Si vous vous abstenez, personne ne le fera à votre place : ni vos collègues (notamment ceux adeptes du « tout pour moi, rien pour les autres »), ni votre chef (qui préférera dépenser de gros budgets publicité dans les produits de la boîte plutôt que dans la mise en valeur de vos compétences).

Quelques conseils de base en termes de communication sont donc indispensables. Je vous propose de les envisager sous l'angle des bévues à ne pas commettre…

Quelques erreurs à éviter

Communiquer au mauvais moment une information clé. Exemple : attendre que la réunion soit finie, tous les participants prêts à partir, pour annoncer que vous venez de décrocher la commande du siècle.

Ne pas adapter votre argumentaire à votre interlocuteur, tant sur le fond que sur la forme du message. Exemple : fournir trop de détails à un chef qui aime la concision et la synthèse ou privilégier la communication orale alors que vous vous adressez à quelqu'un qui affectionne les e-mails.

Communiquer en adoptant un style qui n'est pas le vôtre et qui sonne faux. Exemple : vous forcer à faire de l'humour alors que vous êtes d'un naturel plutôt raide comme la justice.

Chercher à vous vendre coûte que coûte auprès de vos interlocuteurs, en insistant très lourdement sur vos prétendues qualités. Exemple : *« Tu as vu comme j'ai bien fait ce que le chef m'a demandé ? C'est formidable, non ? Tu ne trouves pas ? »*

Enfin, à l'heure des *e-books*, de l'*e-business* et de l'e-commerce, il serait dommage de vous priver d'une e-communication pour véhiculer efficacement votre image personnelle. Ainsi, lorsque vous communiquez par e-mail avec vos collègues, veillez à les tenir régulièrement informés des avancées de votre travail (sans oublier de mettre « discrètement » votre chef en copie). De même, votre présence sur les blogs et les réseaux sociaux est indispensable : elle vous permettra de gérer en toute autonomie votre réputation et de vous assurer une visibilité maximale. Pourquoi ne pas participer à des forums de discussion spécialisés dans votre fonction ou domaine de compétences ? Et, si ce que vous faites vous passionne, pourquoi ne pas partager votre expérience sur un blog ? Il vous reste ensuite à croiser les doigts pour que votre chef ait la curiosité d'aller le visiter !

Aller trouver des sponsors

Comme nous l'avons souligné plus haut, les jeunes diplômés, peu aguerris aux tristes réalités du monde du travail, se méprennent très souvent, pensant, à tort, que la quantité et la qualité de travail suffisent à faire d'eux de futurs collaborateurs clés. Pourtant, « *l'important, ce n'est pas ce qu'on sait, mais qui on connaît* »[1]. De même, dans leur ouvrage cité plus haut, *Manager votre carrière comme une start-up* », Reid Hoffman et Ben Casnocha reportent les résultats des études de Jeffrey Pfeffer, professeur de sociologie des organisations à Stanford, selon lesquels « *pour obtenir une promotion, la compétence compte moins que les relations et le fait d'être en bons termes avec son chef* »[2].

Tout l'art va donc consister à identifier des « *sponsors* », puis à les fidéliser. Qui sont vos « parrains », reconnus dans l'entreprise pour leur expérience, leur influence ou leur expertise, qui vous soutiennent et font votre publicité en valorisant votre image de marque autour d'eux ? Vous avez sans doute déjà constaté à quel point votre réussite est conditionnée par ce réseau de personnes capables de mettre en valeur vos compétences.

1. Arden, P., *op. cit.*, p. 66-67.
2. Hoffman, R., Casnocha, B., *op. cit.*, p. 89.

Deux stratégies d'approches complémentaires

— Identifiez et développez un réseau de personnes influençantes (vos prescripteurs), généralement positionnées aux échelons les plus élevés de la hiérarchie, dotées d'une expertise rare et reconnue ou disposant elles-mêmes d'un réseau hors du commun, sur lesquelles vous allez pouvoir vous appuyer. Ces personnes sont « *susceptibles de relayer les messages qui [vous] concernent vers des publics plus ciblés* »[1].

— Entretenez également le lien avec des collègues « tout-venant », constituant une cible plus élargie de relations ayant peut-être moins d'influence, mais qui vous serviront à entretenir votre notoriété. Vous les « actionnerez » en cas de besoin.

Faites l'exercice : vous vous apercevrez ensuite à quel point il devient facile de capitaliser sur ce réseau de personnes influentes pour soutenir vos dossiers. Si, par exemple, vous travaillez sur un projet pas forcément soutenu au départ par la direction, il vous faudra quelques bonnes idées, une gestion de projet efficace et, surtout, de bons sponsors, pour écrire l'histoire d'un petit projet devenu grand, et d'un petit salarié devenu « le » collaborateur à garder et à faire évoluer à tout prix au sein de son service !

1. Do Espirito, T., *op. cit.*, p. 58.

SE VALORISER

Pour se vendre, il faut savoir se mettre en valeur, par exemple en saisissant toute occasion de se faire mousser (réunions, discussions informelles dans les couloirs ou dans l'ascenseur, travail en groupe projet, etc.). Osez vous afficher avec les grands patrons et entrer en contact avec des personnes jusqu'alors inconnues.

L'exercice est loin d'être aisé, pour nous qui, depuis notre enfance, avons intégré la soumission et, plus généralement, la crainte face au jugement des autres, à un point tel qu'il est souvent très difficile de faire le deuil de ces vieux schémas dans notre vie professionnelle. C'est le cas de celui que l'on entend murmurer : « *Vous parler de moi et de mes plus belles réalisations cette année ? Ben, heu..., je ne sais pas trop quoi dire, en fait. J'ai géré quelques dossiers correctement, et encore... en fait, je ne sais pas bien.* » Si vous étiez vous-même chef, quelle image auriez-vous de ce salarié ? Seriez-vous tenté de lui confier les projets les plus importants ? Auriez-vous envie de le voir évoluer ?

Gonfler son estime de soi

L'image que nous avons de nous-mêmes, sous-tendue par l'estime de soi, a un impact important sur la façon dont les autres nous perçoivent.

L'estime de soi se construit à la fois sur la base de nos réussites, mais aussi sur la façon dont nous avons géré les échecs ou contourné les difficultés. Elle est indissociable de la confiance, nourrissant elle-même des perceptions positives renvoyées par notre entourage. Chez tout un chacun, la confiance en soi transpire et se ressent. Ainsi, lors de votre évaluation annuelle, au moment où vous vous apprêtez à demander une grosse augmentation de salaire, la confiance en vous, inébranlable, ne doit pas vous quitter ; elle vous confère une puissance d'affirmation et une force de conviction décuplées. Prenez conscience de vos atouts (si vous en êtes là aujourd'hui, c'est bien parce que vous êtes quelqu'un de valeur et de compétent, non ?), ayez les pieds solidement ancrés dans le sol, redressez-vous et faites preuve d'une force de conviction sans faille. Il s'agit « *d'occuper sa juste place, de faire entendre sa voix parce qu'elle vaut autant que celle des autres* »[1].

À dire/À ne pas dire

Votre chef vous a demandé (sans vous avoir expliqué au préalable pourquoi, d'ailleurs) de reprographier cent trente-trois exemplaires d'un document de plus de cent cinquante pages.

☹ À votre collègue qui vous harcèle pour savoir pourquoi vous êtes planté depuis plus de trente-cinq minutes devant la photocopieuse, ne dites pas : « *C'est l'horreur ! Je suis en train de copier et d'agrafer (en plus !) plus de quatre mille feuilles qui ne seront, j'en suis sûr, même pas lues et qui vont finir directement à la poubelle !* »

☺ Optez plutôt pour un discours valorisant, du genre : « *Le chef m'a confié la mission de diffuser à tous les responsables commerciaux un rapport d'activité ultra-confidentiel. Je suis très* short *sur les* deadlines, *car le rapport doit absolument être remis demain, dès la première heure, en* first priority. »

Un bon moyen de développer la confiance en soi consiste à capitaliser sur ses points forts. Voici l'un des grands enseignements des formations en management : vous avez

1. *Ibid.*, p. 50-51.

davantage de chances de réussir si vous renforcez vos points forts, plutôt que si vous passez du temps à essayer d'améliorer vos points faibles.

Ne laissez pas le doute s'installer en vous : soyez toujours intimement convaincu de vos atouts, du rôle que vous jouez dans votre poste ainsi que de vos chances de succès dans l'entreprise.

Remplir l'équation E = C x V

Au bureau, combien de personnes vous connaissent (essayez de calculer un pourcentage) ? Combien vous « remettent » spontanément ? Combien se souviennent de vous, simplement après les avoir croisées au détour d'un couloir ? Que pensent-elles de vous, de votre travail, de votre expérience, de votre expertise, de vos idées et de la façon dont vous abordez les problématiques ?

Afin d'accroître votre puissance d'accroche, voici une petite formule magique à garder en mémoire :

E (Évaluation) = C (Compétences) × V (Visibilité)

Afin d'illustrer au mieux cette formule et de comprendre le poids représenté par la « visibilité » d'un collaborateur dans son évaluation globale, je vous propose de nous appuyer sur deux exemples :

Exemple 1 : Marie est reconnue pour être une grosse travailleuse. Son travail est irréprochable. Pour mener à bien ses missions, elle s'appuie sur un haut niveau de compétences (savoirs et savoir-faire). Sa grande efficacité lui vaut la note de 8/10. En revanche, Marie est timorée, voire timide. Jamais elle ne communique sur ce travail qu'elle réalise parfaitement : c'est une travailleuse de l'ombre. Son degré de visibilité, quasi nul, lui vaut la note de 2/10.

L'évaluation globale de Marie sera donc de 8/10 × 2/10, soit 16/100. Ses chances d'être remarquée (et donc promue) sont donc plutôt faibles.

Exemple 2 : Pierre, jeune diplômé aux dents longues, a obtenu cette année des résultats qui « correspondent aux attentes », sans plus. Cette relative médiocrité dans son travail lui vaut la note de 3/10. En revanche, Pierre sait parfaitement saisir toute occasion de se faire mousser. Il dispose par ailleurs d'une intelligence relationnelle qui renforce un peu plus chaque jour sa notoriété. Cette visibilité remarquable lui vaut la note de 9/10.

Force est de constater que globalement, l'évaluation de Pierre est meilleure que celle de Marie, Pierre obtenant un score total de 3/10 × 9/10 = 27/100.

Vous comprenez désormais pourquoi, dans les entreprises, l'air chaud monte souvent plus vite que la matière grise... À méditer.

Savoir dire « je »

Ne parlez pas au nom des autres. En effet, ce que va chercher à savoir votre chef, c'est ce que *vous* pensez, quelle a été *votre* contribution à tel projet, comment *vous* allez, etc.

Il est vrai qu'il n'est pas toujours évident de se découvrir en parlant de soi et de son travail. Mais cela s'apprend ! Tout stage de formation en techniques de communication vous l'enseignera : sans gommer complètement le « nous », très utile pour valoriser le travail de groupe (voir règle numéro huit), ni le « ils » (bien pratique pour se désengager et se décharger de ses responsabilités sur les autres), seul l'usage du « je » vous permet de vous mettre en scène, de valoriser votre contribution et vos résultats.

Rien de tel que le « je » pour vous mettre habilement en avant dans vos discussions, tant avec votre chef qu'avec vos collègues. De même, lors de vos échanges par e-mail, préférez parler à la première personne, en veillant à mettre systématiquement votre chef en copie de ce genre de message, destiné avant tout à vous valoriser.

Savoir dire « je » requiert une bonne estime de soi et une solide assise personnelle. Par exemple, vous devez être capable d'énoncer haut et fort à votre chef ce que vous voulez faire, ce que vous ne voulez plus faire, ce qui vous plaît dans votre travail, ce qui vous rebute. Ce faisant, plutôt que de subir, vous vous positionnez en véritable acteur de votre vie professionnelle.

RÈGLE N° 6

ÊTRE AMBITIEUX, SANS SE FAIRE D'ENNEMIS

Dans un univers aujourd'hui dominé par la réussite individuelle, la performance et l'excellence à tous crins, il paraît logique que le monde du travail soit fait avant tout de compétition et de rivalités.

Se lancer dans une escalade à vouloir faire toujours mieux, et mieux que l'autre, peut, certes, stimuler votre envie de réussir, à condition toutefois de ne pas entrer dans des guerres intestines avec vos collègues, des querelles de chapelles, des jeux de pouvoir malsains et d'atroces tortures psychologiques. En d'autres termes, il est, de loin, profitable de développer discrètement une saine ambition, qui vous donne envie de progresser, sans exclure vos collègues, plutôt que de chercher à progresser en les écrasant. Dans le second cas, votre chef vous tiendrait sans doute rigueur de vous mettre en avant au détriment des autres membres de l'équipe.

PAS TROP DE ZÈLE !

Pour marquer notre territoire, nous présentons la fâcheuse tendance à en faire toujours plus et à rejeter la faute sur les autres.

N'en faites pas trop !

Contrairement à ce que vous pouvez croire, ce n'est pas parce que vous allez chercher à accroître systématiquement vos responsabilités pour mieux briller, à travailler sur toujours plus de projets pour donner l'impression d'être absolument incontournable, ou encore à vous « vendre » auprès de personnes influentes pour avoir la sensation d'exister, que vous serez forcément bien vu.

Les risques d'un investissement trop soutenu

- Votre chef peut avoir la désagréable impression que vous désirez devenir calife à la place du calife, ce qui risque de lui faire peur et, donc, de conduire à une mauvaise évaluation de sa part.
- Plus vous prenez de responsabilités, plus vous quittez votre zone de confort et plus vous prenez donc le risque de vous « planter ». Paradoxalement, vous serez certainement mieux évalué en en faisant moins et en maîtrisant parfaitement votre sujet. Qui vous dit que si vous en faites davantage, vous serez mieux vu ? Êtes-vous sûr qu'il existe une relation de cause à effet entre la quantité de travail délivrée et l'appréciation des compétences ?
- Vous risquez de vous aigrir bien vite, dans la mesure où un décalage naîtra inévitablement entre, d'une part, la perception de votre contribution et, d'autre part, la rétribution de

→

→
l'entreprise, passant par des signes de reconnaissance ou de valorisation comme les augmentations de salaire, les actions de formation ou les promotions.

- Enfin, vous prenez le risque de passer pour quelqu'un de trop zélé et, donc, d'être mal vu par vos collègues.

Assumez vos responsabilités

Seuls les vrais gagnants progressent sereinement et sûrement dans l'entreprise. Comme nous l'enseignent les experts de l'analyse transactionnelle, ce sont des individus qui se connaissent bien, qui se sont fixé des buts clairs dans la vie, et qui n'hésitent pas à se remettre en question en cas d'échec, car ils ont une confiance en soi absolue. En cas d'échec, ils ne rejettent la faute ni sur l'environnement qui les entoure, ni sur leurs collègues.

Or, en cas de crise, de conflits, de difficultés ou de situations complexes à gérer, nous présentons la fâcheuse tendance à pointer un doigt accusateur sur l'adversaire : c'est toujours la faute des autres. « *Ah, si la crise n'était pas là…* » ; « *Ah, si nos commerciaux étaient plus motivés !* » ; « *Ah, si mon chef était là quand j'ai besoin de lui…* » ; « *Ah, si je n'avais pas autant de dossiers à traiter !* », etc.

Ne pas assumer les difficultés revient à agir en tant que victime de notre entreprise et, plus largement, de notre société. Ce manque de courage risque de mener tout droit à l'immobilisme et à la démotivation et, surtout, de favoriser le développement des comportements de perdants.

Pourquoi donc sommes-nous animés par cette irrésistible envie de rejeter nos torts ou nos erreurs sur quelqu'un (notre chef, notre voisin de bureau, notre meilleur ami, etc.) ou quelque chose (la crise, le pessimisme ambiant, la décroissance des ventes, etc.) pour expliquer nos propres difficultés ? Cela s'explique-t-il par une déculpabilisation de soi, ou par l'immense satisfaction d'enfoncer l'autre ? Ou bien par le sentiment de pouvoir ainsi efficacement masquer notre incompétence ? Ou encore par un besoin de valorisation nous poussant, le plus souvent inconsciemment, à dévaloriser l'autre ou l'environnement au sens large ?

Dans votre entourage professionnel, faites le test : combien de vos collègues sont assez courageux pour oser reconnaître leur part de responsabilité dans ce qui peut expliquer leurs difficultés ou l'échec d'un projet auquel ils ont participé ? Et vous, comment avez-vous l'habitude de réagir dans de telles situations ?

CULTIVER LA CULTURE DU SECRET

Voici un mécanisme parfaitement éprouvé : plus vous affichez ouvertement vos ambitions professionnelles, plus votre liste d'ennemis s'allonge ! Fort de ce constat, comment mener à bien vos objectifs professionnels sans pour autant vous mettre à dos l'ensemble de vos collègues et devenir l'homme ou la femme à abattre ?

Distance et discrétion

Le silence est d'or, dit-on.

Certes, taire ses ambitions personnelles ou professionnelles fait de vous un personnage distant. En revanche, en vous entourant d'un halo de mystère et d'inconnu, cette discrétion voulue renforce votre attractivité et intrigue aussi bien vos collègues que votre chef.

L'ambition (surtout celle des autres !) n'a pas toujours bonne presse au sein de l'entreprise. Beaucoup se cachent d'être ambitieux, comme s'ils avaient honte d'avouer que leur rêve le plus cher serait d'accéder enfin à un poste de management ou encore de suivre une formation pour se reconvertir dans un domaine d'activité totalement différent. Pourquoi craignons-nous donc tant de faire part de nos projets à notre entourage professionnel ? Par peur d'éveiller un sentiment d'envie ou de jalousie ? De rompre une relation amicale ? Par manque de confiance en soi et en ses propres capacités ?

Il est de bonne guerre de vouloir garder secrets ses projets professionnels vis-à-vis de ses collègues. Mais n'oubliez pas d'en faire part à votre chef ! En effet, personne ne viendra vous chercher et ne vous déroulera le tapis rouge si vous n'affirmez pas haut et fort vos ambitions !

Toutefois, il va sans dire que la plus grande discrétion sera de mise si votre projet consiste par exemple à rejoindre la concurrence ou à créer votre propre entreprise... Apprenez à tenir votre langue, même si vous être dévoré par l'envie de partager de beaux projets vous éloignant de l'enceinte de votre entreprise.

Gardez vos lumières pour vous

Ne dévoilez pas au grand jour votre intelligence. Gardez-la pour vous, car elle peut faire peur ! L'exemple du parton craignant de recruter dans son équipe des collaborateurs brillants, susceptibles de lui mordre les mollets, est bien connu. Le chef, figure parentale incarnant l'autorité, préfère de façon générale les rapports de soumission lui permettant d'asseoir sa légitimité managériale et de justifier sa position de supérieur hiérarchique (voir règle numéro trois). Ne lui laissez donc pas penser que vous êtes susceptible de remettre en question ses compétences techniques et son savoir-faire.

RESPECTER UN PRINCIPE MARKETING DE BASE

Dans un contexte professionnel et personnel marqué par l'individualisme et un esprit de compétition croissants, tout nous incite à rabaisser les autres pour mieux nous valoriser. Toutefois, aussi paradoxal que cela puisse paraître, ce n'est pas en « enfonçant » nos voisins de bureau que nous serons mieux vus que ces derniers. Tous les cours de marketing l'enseignent : nous avons tout à perdre à dénigrer nos concurrents.

Ne pas dénigrer ses concurrents

Il nous arrive fréquemment de considérer nos collègues comme des rivaux, pensant que le succès de l'un dépend de l'échec de l'autre. Adeptes des jeux à somme nulle, nous estimons que le meilleur moyen de recevoir la plus grosse part de gâteau consiste à en grignoter chez nos collègues. Mais cette façon de raisonner par dichotomie (le bon et le mauvais, l'intelligent et le sot, l'analytique et le créatif, le gagnant et le perdant, etc.) ne peut conduire à la réussite.

Plutôt que de critiquer et d'envier votre voisin de bureau qui a obtenu une meilleure augmentation de salaire que vous, vous feriez mieux de vous en réjouir, sincèrement, car cela prouve que votre entreprise est capable de générer suffisamment de profit pour ne pas récompenser que ses actionnaires…

Retenez ce grand principe marketing : lorsque vous parlez des autres, en « bien » comme en « mal », vous leur faites, quoi qu'il arrive, de la publicité. La meilleure façon de se valoriser consiste donc à se concentrer sur soi, sur ses atouts, sur ses réussites et sur son image, plutôt que d'entrer dans la comparaison avec les autres, mettant en avant leurs échecs, leurs difficultés ou leurs lacunes. C'est la raison pour laquelle les responsables commerciaux insistent tant auprès de leurs équipes pour qu'elles s'attachent avant tout à valoriser leurs propres produits (en en soulignant les qualités intrinsèques), plutôt que de dénigrer les produits concurrents (en pensant, à tort, pouvoir ainsi rehausser les leurs dans l'esprit de la clientèle).

Halte à la compétition

À l'heure du « toujours plus » et du « toujours mieux que l'autre », tout individu est naturellement amené à penser qu'une bonne évaluation et une vie professionnelle réussie ne peuvent se concevoir qu'au détriment de ses collègues de bureau. Pourtant, le monde du travail n'est pas une piste d'athlétisme sur laquelle un seul coureur finit par triompher en bout de course...

Si, malgré tout, vous demeurez convaincu que ce qui est gagné par l'un est logiquement perdu par l'autre, ne vous avisez pas de jouer à ce jeu à somme nulle avec votre chef. Il s'avère parfaitement inutile de vouloir lui en mettre plein la vue en montrant que vous savez tout sur tout, en argumentant, en contre-argumentant, voire en le contredisant. Stop ! Vous jouez avec le feu. Rappelez-vous la règle numéro trois : le chef a toujours raison.

Apprenez à passer outre les désaccords et à « laisser glisser », même si vous mourez d'envie d'imposer votre point de vue. Préférez miser sur des transactions complémentaires (voir page 19) plutôt que d'entrer dans une logique faite de rivalités et de combats de coqs. Prenez du recul et, chaque matin, laissez votre *ego* au vestiaire !

Évitez la technique du « collage »

Il est tentant de coller aux autres une image, avec pour unique dessein de les rabaisser. En règle générale, votre chef n'est pas dupe de ce petit jeu qu'il n'appréciera guère car il se doutera que le dos tourné, vous prenez un malin plaisir à le dénigrer à son tour.

Préférez donc toujours un raisonnement dans l'absolu (en mettant en avant vos atouts) plutôt qu'en relatif, c'est-à-dire en vous comparant à vos collègues, en les critiquant et en leur collant dans le dos une image indélébile, dont ils ne pourront plus jamais se défaire, quoi qu'ils fassent par la suite. Ces images, que nous nous plaisons tant à attribuer aux autres, sont comparables à des slogans, à des marques personnelles, à des devises, qui mettent en lumière un trait majeur de votre personnalité ou de votre comportement. Créer un slogan nécessite de la réflexion, de la conceptualisation, puis un travail intense de communication.

Cette technique, visant à qualifier l'autre en quelques mots puis à miser sur un processus de répétition pour finir par l'assimiler à cette image ainsi définie, est utilisée en marketing pour élaborer le positionnement d'un produit (voir page 51). Pourquoi ne pas vous l'appliquer ? Pour se faire, tentez de trouver ce qui vous rend unique, puis d'imaginer *votre* mythe, en définissant le slogan qui vous caractérise le mieux. Communiquez ensuite sur cette image personnelle et positionnez-vous comme tel, auprès de tous vos collègues et de votre hiérarchie.

Quelques exemples de slogans

— Suzanne, « Deux de tension »
— Gérard, « La force tranquille »
— Brigitte, « Une main de fer dans un gant de velours »
— Paul, « L'intello de la bande »
— Jean, « Le roi de la magouille »
— Marie, « La sainte nitouche de service »

RÈGLE N° 7

ÊTRE PRÉSENT, MAIS EN MODE « ÉCO »

Au-delà de ses aspects légaux et contractuels, la notion de temps de travail est un concept purement culturel. Les Français se plaisent à penser que travailler plus est synonyme de travailler mieux. Ils dépensent d'ailleurs parfois plus d'énergie à faire acte de présence qu'à travailler ! À se demander si le salaire ne rétribue pas davantage le temps de présence que la performance…

Comment, dans ce carcan de contraintes horaires, parvenir à se ménager et à voler secrètement à l'entreprise quelques instants pour soi, nécessaires au fameux besoin d'équilibre vie professionnelle/vie privée que les organisations se targuent aujourd'hui de satisfaire ?

Sans aller jusqu'à l'oisiveté, une activité réduite et gérée de façon détendue permet d'appuyer sur l'accélérateur lorsque le besoin s'en fait sentir et d'éviter le désormais célèbre *burn-out*.

ÊTRE IRRÉPROCHABLE SUR LES HORAIRES

L'avenir appartient à ceux qui se lèvent tôt

Il est très difficile de se soustraire à cette idée communément admise, selon laquelle les personnes pointant à des heures matinales sont davantage dignes d'intérêt que les autres. Se lever tôt serait-il synonyme d'un investissement plus important dans le travail et d'un engagement plus soutenu dans la vie de l'entreprise en général ?

Notre proverbe « l'avenir appartient à celui qui se lève tôt » semble s'étendre au-delà de notre territoire. En effet, « *celui qui se lève tôt a de l'or dans la bouche* »[1] soutiennent nos voisins allemands. Pour les Anglais, seul « *l'oiseau matinal attrape le ver* »[2]. Vous vous êtes certainement déjà aperçu qu'en la matière, le chef donne l'exemple : n'arrive-t-il généralement pas plus tôt que vous ?

Pour être dans ses petits papiers, il est de bon ton d'être ami avec la pointeuse de votre entreprise. Le meilleur moyen d'y parvenir : ne pas oublier de programmer votre réveil au coucher et ne pas prétexter tous les matins un accident, un enfant malade, un problème de métro ou le fait d'être resté coincé derrière le camion-poubelle de l'étroite ruelle qui vous mène au bureau !

Est-ce que cela compte dans mon temps de travail ?

▸ Lesquelles de vos activités relèvent ou non du temps de travail effectif ? L'article L. 3121-1 du *Code du travail* dispose que le temps de travail effectif est « *le temps pendant lequel le salarié est* →

1. Traduction de « *Morgenstund hat Gold in Mund* ».
2. Traduction de « *The early bird catches the worm* ».

à la disposition de l'employeur et doit se conformer à ses directives sans pouvoir vaquer librement à des occupations personnelles ».

- Sont inclus dans la notion de « temps de travail effectif »[1] :

- le temps de déplacement d'un lieu de travail à un autre ;
- le temps de déplacement des salariés au sein de l'entreprise (vestiaires, salles de repos, pause-café, etc.) ;
- le temps de formation professionnelle continue ;
- le temps d'habillage et de déshabillage (si le port d'une tenue de travail est obligatoire).

- Ne sont pas considérés comme « temps de travail effectif » :

- le temps de déplacement du domicile au lieu de travail ;
- le temps de restauration (sauf dispositions conventionnelles particulières).

Malgré tous vos efforts, vous ne parvenez toujours pas à arriver régulièrement à l'heure ? Faites alors l'effort, ne serait-ce qu'un jour ou deux par semaine, de vous présenter au bureau bien avant les autres, d'ôter votre manteau et d'allumer votre ordinateur en un temps record, de façon à être fidèle au poste et parfaitement détendu pour saluer votre chef que vous verrez passer quelques minutes plus tard dans le couloir. Les matins où vous décidez d'adopter ce stratagème, prenez soin de vérifier au préalable qu'il n'est pas en rendez-vous à l'extérieur !

Cette même stratégie peut également être envisagée le soir : avec un peu de chance, le vendredi, vous réussirez à partir plus tard que votre patron, s'excusant de devoir quitter le bureau à 17 heures, sous prétexte qu'il a son train à prendre pour partir en week-end à Val d'Isère… D'expérience, cela ne sert à rien de partir tard tous les jours. Un salarié qui « reste pour rester » au bureau laisse supposer que sa vie se

1. Source : Wikipédia, « temps de travail », mise à jour mars 2013.

limite à son travail ou, pire, qu'il est mal organisé. Et le jour où il osera partir à 17 heures 30, son chef ne manquera pas de lui demander s'il a bien posé son après-midi. De plus, travailler quelquefois à des horaires irréguliers, sans rendre de comptes à quiconque, signifie que vous êtes un salarié responsable. À partir du moment où votre travail est correctement fait, qui pourrait vous le reprocher ?

L'heure, c'est l'heure !

Il n'est pas bon d'en faire trop. En effet, arriver très tôt et travailler sans relâche dans la journée peut laisser entendre à votre chef que vous manquez d'efficacité et que vous ne travaillez pas assez vite. En revanche, il est capital de respecter vos horaires de travail, d'autant plus s'il s'agit d'horaires fixes et que vous n'êtes pas payé au forfait. De même, au cours de la journée, la ponctualité sera votre alliée ; au-delà d'accroître l'efficacité au travail, c'est une marque de respect vis-à-vis de vos interlocuteurs. « *Le fait d'arriver en retard implique que vous avez un statut plus élevé que la personne que vous faites attendre [...]. Est-ce que vous vous permettriez d'arriver en retard à un rendez-vous avec Angela Merkel ?* »[1]

Disciplinez-vous : si une réunion commence à 14 h 00, ce n'est pas à 14 h 05. Trop de laxisme sur les horaires de travail vous expose à des sanctions disciplinaires pouvant aller jusqu'au licenciement.

Attention aux absences

Votre chef, loin de l'actuel questionnement des sociologues et autres experts sur les prétendus bienfaits du présentéisme en entreprise, vous demandera toujours de lui rendre des

1. Hoffman, R., Casnocha, B., *op. cit.*, p. 134.

comptes en la matière. Même s'ils sont justifiés, des retards ou des absences répétés ternissent votre image et sont là encore susceptibles d'entraîner de lourdes sanctions.

À savoir sur les absences injustifiées

Vous ne venez pas travailler et ne justifiez d'aucun motif expliquant votre absence (événement imprévu tel qu'une maladie ou un problème familial, par exemple) ? Vous manquez alors à votre obligation d'exécuter votre prestation de travail et pouvez être sanctionné en conséquence. Si la cause de votre absence est la maladie, vous disposez d'un délai légal de quarante-huit heures pour adresser votre arrêt de travail à votre employeur. Dès votre troisième jour d'absence injustifié, il vous enverra par lettre recommandée avec accusé de réception une mise en demeure de justifier votre absence ou de reprendre votre poste sans délai. À ce stade, un licenciement est rarement envisagé. En revanche, sans nouvelles de votre part, votre employeur pourra vous adresser une nouvelle mise en demeure susceptible de déclencher un licenciement, soit pour cause réelle et sérieuse, soit pour faute grave.

Quant à vos absences en cours de journée (pauses cigarettes, café du matin, discussions informelles avec les collègues dans les couloirs, etc.), elles doivent rester les plus discrètes possible. S'il est vital de faire des pauses pour se ressourcer et évacuer le stress, il ne s'agit pas pour autant de passer votre journée à l'espace cafétéria !

SE FAIRE PASSER POUR UN BOURREAU DE TRAVAIL

Les chefs aiment les salariés qui travaillent beaucoup. Il s'agit donc de savoir faire la part des choses entre le fait d'*être* un boulimique de travail, et celui d'en *avoir l'air*. Une nouvelle fois, tout est question de perception. Donnez-vous plutôt l'impression de quelqu'un de laxiste, ou bien avez-vous l'air toujours débordé ? Il va sans dire que seule la seconde hypothèse favorisera votre évolution au sein de l'entreprise !

Ruser

Voici quelques stratagèmes déjà bien rodés, permettant d'écarter tout soupçon sur votre degré d'implication au travail : adoptez-les sans modération si vous voulez faire bonne figure.

Ayez l'air toujours extrêmement occupé (même si personne ne vous surveille)

— Prenez un air affairé dès que vous quittez votre poste de travail : sourcils légèrement froncés (sans pour autant avoir l'air de mauvaise humeur), yeux plissés (pour renforcer votre air grave), démarche rapide et assurée.

— Ne vous déplacez jamais sans un dossier à la main (parapheur, pochette plastique, petit classeur, enveloppe, etc.).

— Laissez entendre à qui de droit que vous avez une montagne de dossiers en cours, tous plus urgents les uns que les autres.

— Lorsqu'on vous demande « *Comment ça va ?* », répliquez systématiquement : « *Bien, merci. Un peu sous l'eau en ce moment ; on ne chôme pas ! Mais le moral est bon, c'est ce qui compte !... Allez, je me remets au boulot !* »

— Clamez haut et fort que vous préférez terminer ce sur quoi vous êtes en train de travailler, plutôt que de descendre déjeuner avec le groupe.

— Jetez régulièrement un coup d'œil à votre montre.

— Si vous travaillez tard le soir ou faites des heures supplémentaires, faites-le savoir. Par exemple, arrangez-vous pour croiser votre chef dans les couloirs après 19 heures, ou envoyer des e-mails tardivement (si vous avez la chance d'avoir un smartphone professionnel, il vous sera d'un grand secours !).

— Ne rangez pas trop soigneusement votre espace de travail : laisser traîner des dossiers laisse supposer que vous êtes occupé. De plus, quelqu'un qui passe son temps à ranger passe d'autant moins de temps... à travailler !

— Ornez vos murs et le contour de votre écran d'ordinateur de Post-it, en veillant à les déplacer régulièrement, pour bien montrer à vos collègues que votre « *to do list* » compte chaque jour de nouvelles tâches.

Ayez l'air impliqué en toutes circonstances

— Prenez des notes en réunion.

— Donnez l'impression d'être attentif à ce que l'on vous raconte.

— Usez de café si la fatigue se fait sentir : cela vous évitera de piquer du nez en réunion.

— Posez des questions, même si vous avez déjà les réponses. Pensez aux questions adressées à l'intervenant en fin de réunion, qui n'intéressent pas forcément tous vos collègues :

effet garanti pour vous faire bien voir !

Tout l'art de la ruse réside dans le juste équilibre à trouver entre, d'une part, le fait de donner l'impression d'être engagé à cent pour cent et, d'autre part, la nécessité de rester souriant et détendu. En effet, votre chef veut quelqu'un qui travaille dur, pas quelqu'un qui va faire un *burn-out* dans les six mois !

Halte au *burn-out*

À l'heure où les risques psychosociaux (RPS) deviennent un sujet de préoccupation majeur pour les dirigeants des entreprises et où les salariés dénoncent systématiquement aux directions des ressources humaines et aux représentants du personnel les situations de stress, de harcèlement et de souffrance au travail, tout manager redoute l'éventualité d'un *burn-out* chez ses collaborateurs.

Ce phénomène résultant d'un état de stress permanent et prolongé est aujourd'hui considéré comme une maladie à part entière, se caractérisant par un épuisement émotionnel, un cynisme, une perte d'ambition, une fatigue généralisée et une baisse d'attention. Le *burn-out* est insidieux : sous des aspects externes maintenus intacts, les personnes qui en sont atteintes sont « vidées » de l'intérieur.

Il est donc vital de savoir prendre du recul (c'est ce que nous verrons dans la règle d'or numéro 11), de se ressourcer ailleurs que dans le milieu professionnel, de faire des pauses dans la journée[1], de se décontracter le soir… afin de pouvoir aborder au mieux la journée du lendemain !

1. L'article L. 220-2 du *Code du travail* dispose qu'une pause de vingt minutes au moins doit être accordée au salarié dès lors que le temps de travail quotidien atteint six heures.

Les facteurs de risque du *burn-out*[1]

Les professions les plus exposées

Celles soumises à de fortes sollicitations intellectuelles ou émotionnelles.

Celles ayant des niveaux de responsabilité élevés.

Celles marquées par un décalage important entre les objectifs à atteindre et les moyens mis à disposition.

Les personnes les plus à risque

Celles se fixant des objectifs de performance et de réussite ambitieux.

Celles dont l'unique centre d'intérêt réside dans la valeur travail.

Celles dont les performances professionnelles retentissent sur la confiance en soi.

Celles en quête de reconnaissance et de valorisation.

1. Source : Wikipédia, « Syndrome d'épuisement professionnel », mise à jour 3 décembre 2012.

RÈGLE N° 8

PENSER INDIVIDUELLEMENT, AGIR COLLECTIVEMENT

À l'heure de la gestion individualisée des ressources humaines, les pleins feux sont mis sur les efforts personnels, largement valorisés à travers la mise en œuvre de politiques récompensant la performance individuelle (politiques de rémunération, de gestion des carrières et de formation). Tout pousse alors les salariés à penser et à agir individuellement, afin d'obtenir la meilleure part du gâteau.

Pourtant, dans ce monde individualiste, on demande à chacun de jouer un jeu collectif. Le travail de groupe, visant à stimuler le fameux « *team spirit* » et à accroître la performance de l'entreprise, est encensé par les directions. Dans cet environnement fait de paradoxes, pour naviguer sans heurts et parvenir à tirer votre épingle du jeu, vous avez tout intérêt à adopter non pas le « *Think globally, act locally* [1] » mais le « *Think locally, act globally* ». En d'autres termes, il s'agit de penser pour soi (et à soi) et d'agir collectivement (ou, du moins, d'en donner l'apparence…).

---

1. La formule « *think globally, act locally* », prônée dans les grandes entreprises dans les années 1980 et 1990, implique un compromis entre le global et le local (la « glocalisation »), qui consiste à déterminer une stratégie globale et à la mettre en œuvre en l'adaptant aux conditions locales.

JOUER LE GROUPE

Dans l'entreprise, personne ne peut survivre seul : à un moment ou à un autre, nous avons tous besoin de nos collègues, ne serait-ce que pour qu'ils absorbent leur part de travail dans les projets qui nous sont alloués. Si les alliances sont parfois forcées, nouer du lien avec autrui s'avère donc indispensable. Votre chef vous valorisera d'autant plus que vous parviendrez à vous engager dans des relations donnant-donnant avec vos interlocuteurs. Il est donc inutile et parfaitement stérile de vouloir leur savonner la planche.

Partager ses idées

> « *Quand on garde tout pour soi, on finit par vivre sur ses réserves. Et par se dessécher* » [1]
>
> (Paul Arden)

Revenons un instant sur les bancs de l'école : vous souvenez-vous de ces élèves qui mettaient le bras devant leur feuille, de peur d'être copiés ? Ou encore de ceux faisant exprès de lever le doigt pour se faire remarquer par la maîtresse, quand bien même ils n'avaient rien d'intéressant à raconter ? Dans votre vie professionnelle, ce genre de scénario a inévitablement tendance à se reproduire. En effet, aujourd'hui, lequel de vos collègues ne préfère pas garder jalousement ses idées pour lui ? (Reportez-vous à la règle numéro six.) De même, lequel s'adonne à brosser sans relâche le chef dans le sens du poil afin de se faire bien voir ?

Le « chacun pour soi », qui prévaut de fait dans le monde du travail, ne doit pas pour autant vous exempter de développer

1. Arden, P. *op. cit.*, p. 30.

un esprit de groupe. Là encore, tout est question de juste équilibre. En effet, les arrivistes individualistes font le vide autour d'eux et ne peuvent, sur le long terme, recueillir les faveurs des patrons. Évitez de vous attribuer des succès auxquels vous n'avez pas contribué ou qui sont le fruit d'un travail d'équipe. En revanche, soyez capable de mettre en valeur la réussite d'un travail réalisé en commun : c'est tout bénéfice pour votre évolution de carrière. En effet, on se rend compte aujourd'hui dans les entreprises que le pouvoir appartient, certes, à ceux qui détiennent l'information, mais, surtout, à ceux qui savent la partager, et non à ceux qui la conservent jalousement.

Donner de son temps

Les discussions informelles avec vos collègues vous ennuient au plus haut point ? Vous n'avez pas que ça à faire, ruminez-vous. D'autant plus que cette semaine, votre agenda est sur le point d'exploser… Fort de ce constat, vous préférez rester cloîtré dans votre bureau pour boucler vos dossiers prioritaires. Erreur ! Passer du temps avec autrui n'est jamais du temps perdu. D'une part, engager la conversation avec l'autre lui démontre qu'il est digne d'intérêt, voire qu'il existe, et, d'autre part, cela lui prouve que vous êtes capable de faire preuve d'inclusion et d'esprit d'équipe. Ces échanges apparemment futiles ne servent donc peut-être pas directement vos objectifs opérationnels de court terme, mais ils nourrissent des relations utiles à plus long terme.

Voici quelques rituels sociaux indissociables d'une vie épanouie au sein d'un groupe.

Les rituels à ne pas rater

— Les rituels de salutation : « *Bonjour, ça va ?* », « *Oui, et toi ?* », « *Bien merci* ». L'objectif ne vise absolument pas à se soucier de la santé de celui ou de celle que vous saluez, mais de faire bonne figure, en débitant à longueur de journée des formules de politesse dénuées d'intérêt et de sens.

— La pause-café : même si le petit noir de matin vous rebute, obligez-vous, de temps à autre, à rejoindre vos collègues à la machine à café. Elle peut être essentielle à votre promotion ! C'est, en effet, l'endroit par excellence où faire connaissance avec de nouveaux collaborateurs, discuter de façon informelle avec vos voisins de bureau, apprendre de nouvelles choses sur l'entreprise ou vos collègues, et briller au milieu de vos interlocuteurs vous écoutant béatement, un gobelet de café froid à la main.

— La période des vœux : souhaiter la bonne année n'a jamais fait de mal à personne.

— Les pots de départ et les anniversaires : n'hésitez pas à glisser un petit billet (ou, du moins, quelques pièces) dans les enveloppes cadeaux prévues à cet effet ; le retour sur investissement est souvent loin d'être négligeable, car il est toujours utile de conserver d'anciennes relations de travail ou de participer à la cause commune.

Attention toutefois : à vous livrer, malgré vous, à ce genre de rituel, vous risquez de tomber dans la froideur et dans le manque de naturel. Or, vos interlocuteurs doivent ressentir une réelle intention de votre part de leur faire plaisir.

Participer et faire preuve de « *team spirit* »

L'esprit d'équipe se définit comme le « *lien existant entre les membres d'un groupe, leur donnant le sentiment de faire corps et les poussant à œuvrer pour le bien de l'équipe au détriment du bien individuel* »[1]. Dans les sports collectifs, les entraîneurs ont tout intérêt à renforcer cet état d'esprit, permettant de développer des tactiques à plusieurs et de se soutenir mutuellement en cas de baisse de moral. Il en est exactement de même pour les patrons en entreprise, raffolant des méthodes de management en vogue en vue de renforcer l'esprit de groupe (et, par là même, la motivation), comme la mise en œuvre des fameux « *team building* »[2]. Si vous avez l'occasion de participer à ces réunions « au vert », un bon conseil : montrez-vous le plus participatif possible et jouez à fond la carte de l'inclusion. En effet, votre chef s'attachera à ce que le retour sur investissement de ces programmes de management extrêmement coûteux soit au rendez-vous. En vous montrant participatif, vous donnez l'impression que ces opérations vous sont profitables.

Comment développer votre esprit d'équipe ?

- Établissez une connaissance mutuelle de vos collègues proches.
- Identifiez leurs savoirs et savoir-faire complémentaires des vôtres, afin d'atteindre plus facilement vos objectifs (surtout si une prime collective est à la clé !).

→

1. Source : Wikipédia, « Esprit d'équipe », mise à jour septembre 2012.
2. Le « *team building* » est un concept né au début des années 1980, dont l'objectif consiste à tisser du lien entre les membres d'une équipe et à créer un environnement de travail favorable. Le *team building* peut prendre la forme d'activités sportives ou artistiques, de jeux, de mises en situation, etc.

→

- Créez un réel climat de coopération et de confiance au sein de votre équipe. Pour y parvenir, capitalisez sur l'entraide, le respect de l'autre et la valorisation des différences, ainsi que sur la synergie et le soutien mutuel.
- Célébrez les succès. Pourquoi ne pas prendre vous-même l'initiative de réunir vos collègues à l'occasion d'événements « spéciaux » (naissance, promotion, aboutissement d'un projet, gain de parts de marché, etc.) ou d'organiser des rencontres en dehors du cadre professionnel ?
- Veillez à intégrer au mieux les nouveaux collaborateurs du service ; cela soulagera aussi votre chef...
- Affichez-vous le plus souvent possible avec les membres de votre équipe, en les soutenant. Associez-les pour réfléchir sur les dossiers les plus complexes et analysez en commun les résultats d'une action. Assumez ensemble les difficultés.

Participer, c'est également, sans forcément se précipiter dès que quelqu'un a besoin d'aide, se proposer, de temps en temps, pour donner un coup de main à ses collègues, par exemple dans le cadre d'un projet collectif. Ainsi, n'hésitez pas à prendre le *leadership* sur certaines opérations et ne plongez pas tête baissée lorsque l'on demande en début de réunion qui se porte volontaire pour en rédiger le compte rendu. En vous montrant participatif, vous ne pourrez que vous faire remarquer favorablement par votre supérieur. Attention toutefois à ne pas trop en faire (rappelez-vous la règle numéro 7), car ce dernier pourrait penser que vous êtes sous-employé et en profiter pour charger un peu plus la mule ou bien pour resserrer la vis sur les effectifs, gains de productivité obligent !

VALORISER L'AUTRE

Certains de vos collègues, que vous n'estimez pourtant pas être les plus compétents (c'est un euphémisme…) sont peut-être les futures stars de demain, les « *high po* » en puissance prêts à vous damer le pion lors des prochaines augmentations de salaire ou lorsqu'il s'agira d'être promu à un échelon supérieur. L'erreur consisterait à penser que leur incompétence (ou, du moins, que vous considérez comme telle) vous met à l'abri. Veillez donc à ne jamais dévaloriser vos rivaux.

Entrer en contact

Très peu d'entre nous savent manier avec aisance l'art de nouer des relations et de s'afficher avec des personnes qu'ils ne connaissent pas. Pourtant, comme nous l'avons largement souligné dans la règle d'or numéro 5, le relationnel représente un facteur clé de succès.

Tisser un réseau de relations avec vos collègues est un labeur quotidien, indispensable tant pour renforcer votre visibilité que pour asseoir l'existence de vos interlocuteurs. Qu'adviendrait-il d'un produit de qualité (vous, en l'occurrence), qui ne serait jamais présenté au consommateur (vos interlocuteurs) ? Il perdrait toute opportunité de vente, et le consommateur, quant à lui, aurait la désagréable impression de ne pas être reconnu comme acteur tout-puissant, capable d'influencer la démarche d'achat et d'influer sur les ventes dudit produit. Avec vos collègues, c'est exactement la même chose : pour prouver à l'autre qu'il existe, montrez-lui que vous existez et que vous le reconnaissez en tant qu'acteur de l'organisation.

Les méthodes de recrutement faisant appel à des tests psychologiques le démontrent : la sociabilité est l'une des qualités les plus recherchées chez les candidats. Timides, obligez-vous à sortir de votre tanière et à engager la conversation avec des personnes jusqu'alors inconnues. Aller spontanément vers l'autre représente un objectif qui se travaille pas à pas. Au cours du prochain mois, pourquoi ne pas vous fixer comme objectif, par exemple, de partir à la rencontre de cinq nouveaux collègues ?

Mettre l'autre en avant

Même si vous estimez que votre voisin de bureau est le benêt de l'équipe, veillez à garder vos jugements de valeur pour vous. En effet, non seulement ce que vous pensez de lui ne doit pas transparaître (quel intérêt à le « descendre » en public, si ce n'est de prendre le risque de vous faire passer pour un tueur de service ?), mais l'enjeu va consister, au contraire, à le valoriser au maximum, quoi qu'il vous en coûte.

Mettre l'autre en avant passe d'abord par l'acceptation du fait que vous n'êtes pas le plus compétent, le plus cultivé ou le plus diplômé et, surtout, que vous n'êtes pas entouré que d'imbéciles. Dites-vous bien que si vos collègues sont à la place qu'ils occupent, c'est qu'à un moment donné, ils ont été choisis par un responsable hiérarchique ayant décidé de leur confier des responsabilités censées être à la hauteur de leurs compétences. Vous estimez malgré tout qu'ils ne « tiennent pas la route » ? Peu importe : rongez votre frein ! De même, laissez vos collègues s'exprimer, même si vous êtes en profond désaccord avec leurs opinions et êtes persuadé qu'ils se trompent. Après tout, s'ils font fausse route, tant pis pour eux, non ? Acceptez que tout le monde n'ait pas le même mode de raisonnement, la même façon de travailler, le même rythme, les mêmes idées ni les mêmes valeurs.

Enfin, valoriser autrui passe par des choses simples, comme lui dire « bonjour » le matin lorsque vous le croisez dans le couloir, avoir à son égard une attitude bienveillante, lui donner un coup de main pour boucler un dossier complexe, le soutenir sur un projet dont il a eu l'initiative, lui proposer un café ou un déjeuner à la cantine ou, encore plus simplement, lui sourire (voir la règle numéro 13).

RÈGLE N° 9

NE FAIRE QU'UN SEUL GESTE, RETOURNER SA VESTE

« Le monde entier est un théâtre
Et tous, hommes et femmes, n'en sont que les acteurs
Et notre vie durant nous jouons plusieurs rôles »
(Shakespeare, *Comme il vous plaira)*

Percevez-vous à quel point le monde de l'entreprise ressemble à un théâtre, dont la scène ne fait finalement que reproduire le fonctionnement de notre société ? Sur cette scène, le combat est rude : la survie de chacun « *passe par une lutte effrénée entre les acteurs, se livrant à des guerres intestines à longueur de journée* »[1].

Dans ce décor purement factice, où les comportements observés sont parfois très loin des valeurs affichées par les entreprises (voir page 40), les salariés mentent (et se mentent aussi à eux-mêmes) pour dissimuler leur vraie personnalité ou leurs opinions, se livrant alors à des jeux de pouvoir malsains.

Pour être bien vu par votre chef et valoriser votre image au sein de l'entreprise, nous allons voir qu'il est recommandé, non seulement de porter un masque, mais également d'identifier les manigances des acteurs qui vous entourent. Si la politique et les jeux de pouvoir sont loin de

1. Bourgeois, L., *op. cit.*, p. 9.

vos préoccupations, c'est tout à fait louable. Mais dans ce cas, ne venez pas vous plaindre d'être… hors-jeu !

FAUX-SEMBLANTS

Qui oserait affirmer que chaque jour de travail qui passe représente une occasion de plus de s'épanouir, d'échanger de façon constructive avec ses collègues et de prendre plaisir à travailler en groupe ? Ne nous mentons pas : nous savons pertinemment que le monde de l'entreprise n'est pas rose, ni fait uniquement de positif et d'optimisme. Les acteurs qui y travaillent ne s'y promènent pas tous le sourire aux lèvres et la fleur au fusil. Qui se cache vraiment derrière Martin, le nouveau comptable ? Qui vous dit qu'Anne, votre collègue de toujours, ne vous plante pas un couteau dans le dos dès que vous avez tourné les talons ? Réussir dans l'entreprise passe aussi par la prise de conscience de ces faux-semblants.

Port du masque obligatoire

Dans mon dernier ouvrage consacré à la critique et aux jeux de pouvoir dans l'entreprise, je notais que « *par peur de vexer, d'être rejeté ou de déplaire, nous portons souvent un masque afin de cacher ce que nous pensons ou ce que nous sommes vraiment. De ce fait, nous jouons sur deux scènes : l'une, intime et secrète ; l'autre, publique, où, tel l'acteur, nous nous exposons, au sein de l'organisation, au regard de l'autre* »[1].

Il est vrai que, dans certaines circonstances, il est préférable

1. *Ibid.*, p. 14.

de porter un masque et de dire ou de faire ce que votre chef (et, plus généralement, les acteurs de l'entreprise) s'attend à entendre ou à voir. Comme moi, vous connaissez certainement des collègues qui ont subi de vives représailles pour avoir osé dire haut et fort ce qu'ils pensaient. Si vous êtes en désaccord avec votre chef (auriez-vous déjà oublié la règle numéro trois, selon laquelle le chef à toujours raison ?), bouillonnez d'envie de faire passer vos idées malgré les réticences exprimées, ne pouvez pas voir en peinture votre voisin de bureau et êtes persuadé que le nouvel arrivé déblatère déjà sur vous, voici un bon conseil : mettez votre masque !

En d'autres termes, obligez-vous à toujours présenter à vos interlocuteurs une face souriante, enthousiaste, cajoleuse ou compréhensive, et ce malgré les désagréments du quotidien. Réfugiez-vous derrière les valeurs d'altruisme, de bienveillance ou de respect prônées par votre entreprise. Ce faisant, vous sauvez les apparences, en minimisant le risque d'être perçu comme un impertinent ou un insolent. Faire des coups en douce vaut souvent mieux que de prendre le risque d'afficher ce que vous pensez réellement.

Cependant, vous efforcer à dissimuler votre vraie nature peut toutefois vous conduire « *à vous tromper sur vous-même, sur ce que vous êtes et ce que vous pensez vraiment…* »[1].

Changer de tee-shirt

Si l'un de vos objectifs est d'être bien vu et reconnu par la grande majorité des acteurs de l'entreprise (ce qui est certainement votre cas puisque vous vous êtes lancé dans la lecture de cet ouvrage…), je vous suggère de vous entraîner

1. *Ibid.*, p. 21.

à retourner avec aisance votre veste, ou plutôt, votre tee-shirt[1]. Cette théorie du tee-shirt est décrite par les experts de l'analyse transactionnelle, qui ont observé que tout individu communiquant transmet un message non verbal, telle une image collée au fer chaud sur le devant d'un tee-shirt. L'objectif de ce message, exprimé consciemment ou non, consiste à inviter l'interlocuteur qui le reçoit à réagir (par la plainte, la critique, la colère, etc.) et, *in fine*, à l'entraîner dans un jeu psychologique.

Si vous attendez une promotion prochaine, si vous ambitionnez de décrocher une mission à l'étranger pour y faire carrière ou encore si vous pressentez que votre évaluation de fin d'année ne sera pas à la hauteur de vos espérances, il est de bon ton d'afficher un message engageant sur votre tee-shirt, afin de brosser vos interlocuteurs dans le sens du poil. En effet, il n'y a rien de tel que de transpirer le dynamisme, la convivialité, l'enthousiasme, la motivation ou l'engagement dans le travail et dans les valeurs de l'entreprise, à l'approche des grandes décisions prises par votre chef.

Les individus les plus difficiles à cerner sont ceux affichant sur leur tee-shirt deux messages contradictoires, capables de faire volte-face d'un instant à l'autre, présentant spontanément soit le côté pile, soit le côté face, en fonction du jeu auquel ils souhaitent se livrer avec leurs interlocuteurs. Vous avez déjà certainement rencontré ce genre d'individus, qui affichent sur la poitrine un message flatteur et cajoleur et, dans le dos, un message critique, voire méchant. De face, ils cherchent à nous adresser le message suivant : « *Je t'écoute, fais-moi confiance, je ne te veux aucun mal…* » Mais dès qu'ils ont tourné le dos, leur personnalité démoniaque prend le dessus ; ils se délectent alors à traquer la moindre erreur ou imperfection de leurs collègues ou de

1. James, M., Jongeward, D., *Naître gagnant – L'analyse transactionnelle dans la vie quotidienne*, InterÉditions, 2000, p. 209.

leur patron et à fouiner dans leur vie privée, avec pour seul objectif de mieux les dénigrer ensuite. « *Bien sûr, ce faisant, ils prennent soin d'afficher un sourire figé dès qu'ils se trouvent en face de leur dernière victime*[1] ».

En un mot, ce sont de grands manipulateurs.

DEVENIR UN AS DES JEUX DE POUVOIR

L'entreprise est une immense scène, où jouent des gagnants comme des perdants. C'est un monde fait de défiance, de pessimisme, de jalousies, de mesquineries, de ruminations, d'obsessions et de jeux. « *Dans une majorité des cas, la plupart des salariés, voire la totalité d'entre eux, sont impliqués dans des jeux stratégiques et des relations de pouvoir [...]* », notent les sociologues[2]. Aucune structure n'y échappe, quels que soient sa taille, son secteur d'activité, sa culture ou les conditions de travail qui y règnent. Pourquoi ? Tout simplement parce que le pouvoir est inhérent à l'évolution de l'individu en communauté.

Osez manipuler

Comme nous l'avons déjà expliqué, si les patrons repèrent la flagornerie à mille lieues et n'apprécient guère les lèche-bottes maladroits, ils ne restent jamais insensibles aux collaborateurs qui se débrouillent pour les brosser habilement dans le sens du poil, abonder dans leur sens, soutenir

1. Bourgeois, L., *Éloge de la critique et des jeux de pouvoir en entreprise*, *op. cit.*, p. 19.
2. Francfort, I., Osty, F., Sainsaulieu, R., Uhalde, M., *Les mondes sociaux de l'entreprise*, Desclée de Brouwer, 1995, p. 173.

publiquement leurs décisions, les complimenter sur leur style de management, etc.

Il n'y a aucune honte à oser manipuler son chef ; il y a fort à parier qu'il s'en souviendra lorsque viendra le temps des compressions de postes ou des revalorisations de salaire !

Quelques exemples de subtiles flatteries

– Faire un compliment à son chef en s'en excusant par avance. Exemple : « *Ce n'est pas pour vous lancer des fleurs que je vous dis cela, mais je trouve que vous êtes vraiment quelqu'un de très humain.* »

– Faire semblant de lui demander un conseil alors que l'objectif est de lui faire un compliment. Exemple : « *Comment avez-vous réussi à mener cette négociation si brillamment ?* »

– Jouer les caméléons en se « sur-adaptant » à ses attentes et en devançant ses besoins. Exemple : « *J'ai pris de l'avance sur ce dossier, car je sais à quel point il est important pour vous.* »

– Parler de lui en termes dithyrambiques : « *Si nous avons eu ce mois-ci de si belles primes, c'est bien grâce au patron : il s'est battu pour nous. Sa parfaite connaissance de la concurrence lui a permis de nous fixer des objectifs certes très ambitieux, mais réalistes. C'est un vrai génie, non ?* »

Sans pour autant passer vos journées à essayer de trouver des occasions de flatter votre chef, soyez simplement conscient du fait que pour gravir plus rapidement les échelons hiérarchiques, un petit coup de brosse à reluire n'a jamais fait de mal à personne…

Savoir détecter les jeux de pouvoir

Dans l'entreprise, tous les coups sont permis. Nous interagissons avec nos collègues dans un climat loin d'être toujours bienveillant. Nos rapports sont souvent dominés par la peur de l'autre. Puisque celui-ci est *a priori* dangereux, nous pensons opportun de l'aborder en position de force, par exemple en cherchant à l'intimider ou à le ridiculiser. Les meilleures stratégies sont celles qui se repèrent le moins facilement. Par exemple, vous pouvez tout simplement « omettre » d'envoyer un e-mail à l'un de vos collègues que vous savez en mal de reconnaissance.

Comme l'explique le psychiatre américain Eric Berne, ces jeux interindividuels « *n'implique[nt] pas nécessairement l'idée de réjouissement ou même d'amusement* »[1]. Ils mobilisent des joueurs qui, à l'instar des joueurs de poker mus par le désir du gain, en maîtrisent parfaitement les règles et usent habilement de stratagèmes pervers pour tromper leurs adversaires.

Le jeu est parfaitement représentatif des situations que nous vivons au quotidien dans notre travail. En effet, « *nous entrons dans des jeux de pouvoir dès que nous nous trouvons dans un groupe, lorsque nous ressentons du stress ou de l'anxiété, et quand des "récompenses" (promotion, soutien de la hiérarchie, allocation de fonds pour un projet, signature d'un contrat, etc.) sont susceptibles d'être accordées ou refusées* »[2], notent les spécialistes du management Mauricio Goldstein et Philip Read.

Vous l'aurez compris : mieux vaut toujours se trouver en position de force et, malheureusement, dans bien des cas, la meilleure stratégie passe par l'attaque de l'autre.

1. Berne, E., *Des jeux et des hommes*, Éditions Stock, 1998, p. 51-52.
2. Goldstein, M., Read, P., *Petits jeux de pouvoir en entreprise – Comment les identifier et y mettre un terme*, coll. « Village Mondial », Éditions Pearson, 2012, p. 7.

RÈGLE N° 10

NE PAS SE FAIRE PRENDRE LA MAIN DANS LE SAC

Comme nous l'avons souligné dans la règle d'or numéro 7, dès lors qu'un décalage existe entre la contribution estimée par un salarié (c'est-à-dire son niveau d'investissement) et la rétribution octroyée par l'entreprise (c'est-à-dire les « récompenses », telles que les augmentations de salaires, l'attribution d'actions de formation, les promotions, etc.), les collaborateurs sont inévitablement tentés de développer des stratagèmes permettant de réduire cet écart. La nature humaine est ainsi faite : lorsque nous avons le sentiment d'être « exploités » (niveau de contribution supérieur à celui de la rétribution), nous rusons pour reprendre notre dû.

Aucun manager ne devrait nier l'existence de telles attitudes. L'essentiel consiste à ne pas vous faire surprendre au moment où vous allez irrésistiblement commettre des actes ou tenir des propos potentiellement répréhensibles et ne s'inscrivant pas dans la ligne de l'entreprise. La plus grande vigilance est donc de rigueur, au risque de vous exposer à d'irrémédiables représailles…

LES MURS ONT DES OREILLES

Sans tomber dans la paranoïa, vous savez à quel point, dans l'enceinte de l'entreprise, la prudence s'impose, que ce soit lorsque vous critiquez ouvertement vos collègues ou votre chef, lâchez quelques bribes d'informations confidentielles ou encore photocopiez des documents personnels sur votre lieu de travail. L'expression « les murs ont des oreilles » peut paraître totalement farfelue, dans la mesure où elle semble conférer le sens de l'ouïe à des pierres, mais c'est bien pourtant de cela dont il s'agit : nous sommes en permanence entourés d'interlocuteurs qui, loin d'être tous des « gentils collègues », sauteront sur la moindre occasion après nous avoir pris en flagrant délit pour colporter sur nous les pires rumeurs et rapporter nos ruses à notre chef.

Halte aux critiques !

Chaque jour, sur notre lieu de travail, une multitude de liens se créent avec nos collègues, nos subordonnés, notre patron ou nos clients. Or, « on ne peut pas aimer tout le monde ! » Ceci explique que, dans toute entreprise, derrière des valeurs affichées de bienveillance, de respect et de courtoisie, « *se cache immanquablement la critique, omniprésente. Personne n'y échappe, quel que soit son âge, sa fonction, sa position dans la hiérarchie ou son niveau de rémunération : tout le monde critique et tout le monde est critiqué* »[1].

Malgré cette dure réalité, il est préférable de fuir les oiseaux de mauvais augure et les collègues toxiques, ceux qui se délectent à systématiquement tout dénigrer à longueur de

1. Bourgeois, L., *Éloge de la critique et des jeux de pouvoir en entreprise*, *op. cit.*, p. 5.

journée, à diffuser rumeurs et commérages et à semer autour d'eux du négatif, entraînant leurs interlocuteurs dans des jeux psychologiques malsains. Vous laisser enliser dans ces attitudes critiques serait une arme toute trouvée par votre chef pour vous sanctionner.

Aussi, résistez autant que possible à mettre de l'huile sur le feu en exagérant à outrance un problème ou une situation ou en interprétant des faits selon votre propre grille de valeurs. En effet, les chefs n'aiment pas les salariés tirant des conclusions hâtives sans preuves ni éléments factuels à l'appui.

Suppositions, interprétations, exagérations et spirale négative : exemple d'un échange entre collègues

A : Tiens, Jean n'a pas été convié au séminaire de rentrée... Bizarre, non ?

B : Effectivement. Venant d'arriver dans le service, cela lui aurait pourtant permis de se mettre rapidement au courant de tous nos projets. Dommage...

A : En tout cas, ce n'est pas sympa. À sa place, je l'aurais mal pris.

B : Oui, mais tu sais, au fond, je ne sais pas si le chef est vraiment content de lui. C'est sans doute pour cela qu'il ne l'a pas mis sur la liste des destinataires.

A : C'est sûr ! L'inviter aurait coûté cher à l'entreprise, et vu ce qu'il nous rapporte...

B : C'est vrai, tu as raison. Il n'est vraiment pas au top, Jean...

A : Y'a pas à dire, il n'a pas inventé l'eau chaude !

B : Remarque, il vaut mieux peut-être ne pas être invité au séminaire, étant donné l'ambiance catastrophique dans le service en ce moment...

Etc.

Stop ! Enrayez la spirale du négativisme, de l'insatisfaction et des attitudes défaitistes. Vous plaindre à longueur de journée des difficultés que vous rencontrez ou des malheurs qui vous accablent n'a jamais permis de faire avancer les choses. Évitez de dénigrer ouvertement votre chef, les décisions prises ou la stratégie de l'entreprise. Préférez vous entourer des bons éléments ; si vous avez confiance en vous, il n'y a pas lieu de craindre de travailler avec les meilleurs. Profitez de leur expertise, imprégnez-vous de leurs savoirs et de leurs savoir-faire, afin d'accroître votre niveau de compétences. Ainsi, vous deviendrez un vrai « gagnant ».

Big Brother is watching you[1]

À l'heure de Facebook, des GPS, des caméras de vidéosurveillance, des smartphones enregistreurs, comment l'entreprise pourrait-elle échapper à ce flicage continuel ? Comment les collaborateurs pourraient-ils se soustraire à la tentation de surveiller insidieusement leurs voisins de bureau ?

Dans votre vie privée comme au bureau, partez du principe que toutes vos conversations risquent d'être entendues, tous vos faits et gestes observés et tous vos comportements scrutés à la loupe. Les toilettes, les couloirs, les ascenseurs, les *open space* et même les transports en commun que vous empruntez quotidiennement pour vous rendre sur votre lieu de travail sont des endroits où traînent régulièrement des oreilles indiscrètes…

Soyez donc extrêmement vigilant, notamment si vous usez de ces stratagèmes visant à combler l'écart entre ce que vous

1. *Big Brother* est un personnage de fiction du roman *1984*, de George Orwell. L'expression « *Big Brother* » qualifie l'ensemble des institutions ou pratiques portant atteinte aux libertés fondamentales et à la vie privée (source : Wikipédia, mise à jour 4 mai 2013).

avez l'impression de donner à votre entreprise (du temps, pris sur celui que vous auriez davantage envie de passer entre amis ou en famille, de l'implication, de l'énergie que vous préféreriez dépenser dans le sport, etc.), et ce que vous estimez recevoir en échange (de la rémunération, de la reconnaissance, une évolution de carrière, etc.).

Quelques roublardises bien connues

Il peut arriver de vous sentir exploité, sous-employé, dévalorisé, menacé ou incompris. Dès lors, les managers ne doivent pas ignorer que certains collaborateurs réclament à l'entreprise qui les emploie, d'une façon ou d'une autre, ce qu'ils considèrent comme un dû. Leur stratégie peut par exemple consister à :

— Compenser un manque de reconnaissance, en partant plus tôt le soir sans être vu ou en arrivant plus tardivement le matin. Ce faisant, ils prennent soin d'emprunter les escaliers plutôt que les ascenseurs, de façon à rencontrer le moins de monde possible...

— Se venger d'une rémunération jugée insuffisante en emportant des fournitures de bureau chez eux, en « omettant » de mettre un timbre sur une enveloppe contenant du courrier personnel (alors qu'ils la font partir de leur lieu de travail), ou en gonflant leurs indemnités kilométriques sur leur note de frais.

— Combler une déception professionnelle (par exemple, ne pas avoir été promu au poste dont ils rêvaient depuis des années) en se livrant à des activités personnelles sur leur temps de travail : utiliser abusivement internet, chatter sur les réseaux sociaux, se servir systématiquement de son téléphone professionnel pour appeler ses relations personnelles.

Au bureau, l'usage de la messagerie électronique, d'Internet, de la photocopieuse, de l'ordinateur et du téléphone doit être réservé aux activités professionnelles. Si vous prenez un appel personnel, soyez le plus bref possible et évitez de mettre trop d'émotion dans vos discussions téléphoniques. De même, lorsque votre « gentil » collègue ou votre chef louche sur votre écran d'ordinateur, arrangez-vous pour ne pas être en train de réserver un séjour pour vos prochaines vacances ou de consulter votre compte en banque ! En règle générale, la meilleure façon de ne pas attirer les soupçons consiste à rendre votre écran d'ordinateur le plus souvent possible visible.

E-MAILS : ATTENTION AUX FAUSSES ROUTES

S'il avait su, ce salarié orléanais se serait certainement abstenu d'envoyer depuis sa messagerie professionnelle sept e-mails « *humoristiques et personnels, voire grivois, à des collègues* » : il a été licencié sur le champ pour faute grave[1]. De même, Jeanne aurait mieux fait de ne pas « répondre à tous » lorsqu'elle a renvoyé un e-mail à ses collègues comportant des propos tendancieux sur son chef : elle ne s'était pas aperçue que ce dernier faisait partie des destinataires de son message…

Restez factuel

Un bon conseil : mieux vaut critiquer oralement que par écrit, afin de ne laisser aucune trace susceptible de vous nuire. Dans l'environnement fortement compétitif du monde

1. Source : AFP, France 3 Centre, 12 février 2013.

de l'entreprise, il est de bonne guerre de conserver les e-mails ambigus, ceux sujets à interprétation et ceux totalement délétères ! Ne communiquez donc jamais par e-mail des propos médisants ou tendancieux sur votre chef ou vos collègues. De même, n'écrivez jamais quelque chose que vous ne voulez pas que votre patron lise : la plupart des systèmes informatiques conservent les messages.

Restez le plus factuel possible dans vos échanges, tant sur le fond que sur la forme : pas d'interprétations, pas de suppositions, pas d'exagérations et le moins de jugements possibles.

Apprenez à reconnaître et à décrypter les messages « pièges », sachant que les plus explicites ne sont pas forcément les plus dangereux ! Ainsi, soyez extrêmement attentif et vigilant quant à l'utilisation de certains signes typographiques, lourds de sens caché. Il en va ainsi des *smileys* (exemple : ☺, ☹), points d'exclamation, points d'interrogation utilisés en dehors de toute phrase interrogative et points de suspension, qui peuvent en dire long… Tous ces signes sont susceptibles de modifier le sens d'un texte et de porter tôt ou tard préjudice à son expéditeur.

Le piège du « répondre à tous » et de la « copie cachée »

Lorsque vous répondez à un e-mail, l'action « répondre à tous » est bien utile, car elle vous permet de tenir au courant de vos propos non seulement l'expéditeur du message, mais également les personnes que ce dernier a mises en copie. Toutefois, nombreuses sont les victimes de ce fameux « répondre à tous » sélectionné par erreur, lorsque vous mettez par exemple en cause l'une des personnes involontairement copiées ! L'exemple cité plus haut en atteste.

De même, la copie cachée[1] est particulièrement traître. Elle se justifie surtout dans un contexte personnel (par exemple lorsque vous diffusez un même message à une liste de personnes dont vous ne souhaitez pas qu'elles connaissent les adresses les unes des autres), mais n'est pas adaptée aux messages professionnels. En effet, cliquer sur l'onglet « Cci » lorsque vous répondez à un e-mail risque fort de se retourner contre vous, dans la mesure où, une fois votre e-mail envoyé, vous perdez tout contrôle sur le processus de suivi dudit message. Votre collègue mis en copie cachée peut faire (volontairement ou non…) une fausse manipulation et « répondre à tous », dévoilant ainsi à votre destinataire initial votre intention de départ[2]. Dites-vous que vous ne pouvez jamais savoir avec certitude à qui va être transféré un e-mail, ou qui est autorisé à consulter les boîtes aux lettres de vos destinataires. Pour toutes ces raisons, vous aurez compris que, pour éviter tout malentendu et les déconvenues qui s'ensuivent, mieux vaut vous passer de l'onglet « Cci » de votre messagerie professionnelle.

1. Le copie cachée est représentée par le sigle « Cci » dans les messageries électroniques.

2. Lettre d'information mensuelle pour la sensibilisation à la sécurité des utilisateurs informatiques, mars 2012 (source : www.securingthehuman.org).

RÈGLE N° 11

PRENDRE DU RECUL, SANS PRENDRE LA SORTIE

Aujourd'hui, l'entreprise n'est plus considérée comme un lieu d'épanouissement collectif et individuel, où se tisse un lien social fort unissant les individus qui y travaillent. Elle n'est plus en mesure de conférer à ses salariés qu'un vague sentiment d'appartenance, de mobilisation et d'exemplarité. Peut-être, me direz-vous, mais il faut bien faire bouillir la marmite ! Et vous ne faites pas partie des heureux vainqueurs de l'Euro Millions ou des courageux qui, ayant un beau jour pris leur destin en mains, se sont lancés dans la création de leur propre *business*. Vous vous qualifiez plutôt de « salarié lambda », faisant partie de la masse qui, tous les matins, se presse dans les escalators du métro pour arriver devant la pointeuse à 9 h 30 pétantes.

Pour survivre dans ces conditions extrêmes, il est vital de prendre un maximum de distance par rapport à son environnement professionnel, sans pour autant se positionner sur la mauvaise pente, celle qui conduit tout droit… vers la sortie.

PRENDRE DE LA DISTANCE

Prendre de la distance vis-à-vis des événements du quotidien implique de se recentrer sur soi. Dans le monde de l'entreprise, où nous vivons huit heures par jour cernés par trop de mots, trop de bruit, trop de mouvement, trop de pression, trop d'allers-retours, trop de sonneries de téléphone et d'e-mails, prendre du recul passe inévitablement par des moments de solitude et de silence. Le vrai silence est celui que vous puisez en votre for intérieur, celui qui vous permet de déconnecter quelques instants de cette vie trépidante et sans pitié. Ménagez-vous des instants de repos et de calme au cours de la journée. Dix minutes par jour suffisent à vous ressourcer et à relativiser davantage.

Écouter

Être à l'écoute consiste avant tout à respecter le point de vue de l'autre sans porter de jugement. Écouter, c'est accepter sa vision en faisant fi de votre propre grille de valeurs. C'est prendre le recul nécessaire à l'analyse et à la formulation d'un discours en accord avec celui de votre interlocuteur.

Écouter, c'est donc commencer par se taire et laisser l'autre parler. De ce fait, l'écoute passe forcément par des phases de silence. « *Accommodé avec un regard et un sourire appropriés, le silence peut donner d'excellents résultats* » note Jean Echenoz dans son roman *Je m'en vais* (Éditions de Minuit, 1999). Écouter, c'est non seulement la meilleure façon de savoir ce que vos collègues et votre chef pensent de vous, mais c'est aussi vous donner les moyens de cerner parfaitement les besoins de vos interlocuteurs. Par exemple, si le travail rendu à votre chef ne correspond aucunement à ses attentes, il saura vous dire (mais le mal sera fait…)

que ce n'est pas ce qu'il a demandé et en déduira que vous manquez d'écoute. Alors que si après avoir pris le temps d'écouter et d'analyser ses besoins, vous lui apportez les éléments souhaités, il se montrera *de facto* plus enclin à vous octroyer ce que vous désirez : davantage de visibilité, de reconnaissance et, pourquoi pas, une prime sur objectifs plus conséquente…

Cœur qui soupire n'a pas ce qu'il désire

Dans les organisations dominées par le culte de la performance, de la réussite et de la « gagne », comment ne pas tomber dans l'aigreur, lorsque nous avons la désagréable surprise d'apprendre que notre voisin de bureau a obtenu une évaluation supérieure à la nôtre ? Dans ces moments dominés par l'inquiétude et la peur des autres, votre confiance en vous doit être inébranlable ; reprenez conscience de vos atouts et « laissez glisser », comme le ferait si bien une goutte d'eau sur une toile cirée.

Mettre l'adulte aux commandes[1]

Comme nous l'avons expliqué plus haut, selon les théoriciens de l'analyse transactionnelle, chacun d'entre nous possède trois « états du moi » : l'Enfant, le Parent et l'Adulte. En milieu professionnel, c'est ce dernier qu'il convient de solliciter en permanence. En effet, l'Adulte qui sommeille en nous sert à raisonner, à observer les faits sans porter de jugement de valeur, à rationaliser, à écouter, à « tourner sept fois sa langue dans sa bouche », à analyser, à tirer des conclusions objectives et factuelles et à agir avec recul.

→

1. James, M., Jongeward, D., *op. cit.*, p. 248.

→

Lorsque vous mettez votre « Adulte » aux commandes, vous faites taire *de facto* votre « Parent » et votre « Enfant ». Voici quelques réactions à chaud de l'état du moi « Enfant » à bannir en situation professionnelle :

— La colère : elle risque de vous propulser vite dehors, surtout si elle est tournée vers votre chef !

— L'envie, la jalousie ou le dégoût de l'autre : si ces désagréables sensations avaient la faculté de changer le cours des choses, cela se saurait...

— L'impulsivité : ne jamais claquer la porte en menaçant de démissionner !

— L'orgueil : peu importe si vos idées ne sont pas toujours retenues ; votre entreprise va-t-elle s'en porter plus mal pour autant ?

Plutôt que de recevoir de plein fouet critiques, vexations, remarques injustifiées et médisances, il est préférable d'en prendre votre parti. Souvenez-vous de la toile cirée…

Ainsi, les pieds bien ancrés dans le sol, avec en vous cette confiance inattaquable, vous faites implicitement passer le message suivant autour de vous : « *Je sais maintenant ce que je veux, ce que je ne veux pas — et pourquoi —, ce qui me motive dans mon travail et ce qui me rebute.* » Cette prise de recul sur vous-même et sur votre environnement de travail vous permettra de mieux comprendre ce qui se passe autour de vous.

NE PAS METTRE TOUS SES ŒUFS DANS LE MÊME PANIER

Savoir fixer les limites entre ce qui relève de votre vie privée et de la sphère professionnelle témoigne d'une grande capacité à prendre du recul et à faire preuve de discernement. Nous allons voir qu'au travail le mélange des genres est vivement déconseillé ; votre évaluation peut en dépendre.

De même, n'en déplaise à certains patrons, il s'avère toujours bénéfique, tant pour vous que pour votre entreprise, d'avoir d'autres sources d'investissement que votre activité professionnelle.

Scinder le professionnel et le personnel

« *En général, la relation avec une personne donnée est de nature professionnelle ou privée. C'est une question de savoir-vivre et d'attente réciproque* »[1], notent les entrepreneurs Reid Hoffman et Ben Casnocha.

Efforcez-vous donc de bien faire la part des choses dans vos relations avec votre chef. Par exemple, évitez de vous comporter avec lui comme vous le feriez avec vos amis. De même, s'il vous arrive de côtoyer des collègues à l'extérieur de l'entreprise, imposez-vous des limites à ne pas franchir. En effet, on ne se comporte pas de la même façon au pince-fesses de la fête de fin d'année du bureau et en boîte de nuit le samedi soir !

Par ailleurs, veillez également à ne pas faire état de votre couleur politique ou de vos convictions religieuses en milieu professionnel. Vous constaterez qu'en la matière votre

1. Hoffman, R., Casnocha, B., *op. cit.*, p. 94.

discrétion, votre maturité et votre neutralité seront vos meilleures alliées pour conserver des relations cordiales avec vos collègues. Préférez écouter et observer, plutôt que de vous livrer à des commentaires déplacés.

Réfléchissez aussi à deux fois avant d'orner votre bureau de photos de famille ou de vacances ; certains patrons pourraient y voir un désir d'évasion, les conduisant alors à s'interroger sur votre niveau d'investissement professionnel. De même, retirez de vos blogs et autres comptes Facebook les photos potentiellement compromettantes ou prises avec d'autres collègues (personne n'a à savoir qui vous côtoyez en dehors des heures de travail), les commentaires désobligeants sur votre chef, les surnoms donnés à vos collègues, les blagues de mauvais goût (surtout si elles impliquent des relations professionnelles), etc.

Enfin, sachez que votre chef lui-même veillera à ce qu'il n'y ait pas d'interférence entre la vie privée de ses collaborateurs et les enjeux professionnels, de sorte à éviter, par exemple, de potentiels conflits d'intérêt. Imaginons un instant que la responsable du service congrès soit votre meilleure amie et que cette dernière ait choisi une agence de voyage sur la base de critères purement personnels, « omettant » d'en mettre plusieurs en concurrence avant de procéder au choix final. Si vous décidez de taire la vérité, vous mettez votre entreprise en non-conformité avec les procédures en vigueur (rappelez-vous la règle numéro 2 : ne jamais couvrir une erreur). En revanche, si vous dénoncez la faute à votre chef, votre amie risque de vous en vouloir à vie ! À votre avis, laquelle de ces options est préférable ?

S'investir ailleurs

Jouer sur plusieurs scènes (professionnelles ou personnelles) peut constituer un excellent sas de décompression vous permettant de relativiser les soucis d'ordre professionnel, d'éviter de vous laisser entraîner dans la spirale infernale du « tout, tout de suite » (et, donc, de mieux organiser votre travail) et de vous transformer plus facilement en « toile cirée » (voir page 111) lorsque les critiques et autres remarques désobligeantes s'abattent sur vous. Ce détachement plus marqué (qui n'implique pas pour autant un niveau d'engagement moindre dans l'entreprise) témoignera d'une certaine maturité et d'une prise de recul que bon nombre de vos collègues vous envieront.

Aussi, d'autres domaines d'investissement (se lancer dans une activité bénévole, être membre d'une association de parents d'élèves, écrire et publier des ouvrages, présider un conseil syndical, etc.) ou sources de distraction (prendre le temps de se plonger dans un bon livre, de s'organiser pour passer des moments agréables entre amis, de faire du sport, etc.) peuvent venir très efficacement compenser une perte de motivation dans le travail, en entretenant un gisement d'énergie à l'extérieur de l'entreprise. C'est cette énergie vitale qui contribuera à vous faire avancer tous les matins.

Surtout, le bénéfice majeur apporté par ces activités parallèles réside sans aucun doute dans l'avantage concurrentiel évident qu'elles vous confèrent par rapport à tous vos autres collègues. En effet, parce qu'elles représentent des cordes de plus à votre arc, elles font de vous un collaborateur différent des autres, un collaborateur dont votre chef apprendra jour après jour à découvrir la richesse et le talent.

RÈGLE N° 12

TOUT MISER SUR L'APPARENCE

Pour mesurer le poids de l'apparence et de l'image, reprenons l'exemple de ce nouveau gloss à base de poudre de diamant, présenté dans les plus belles parfumeries : quelles seraient ses chances de succès si son fabricant optait pour un packaging bas de gamme, en décalage avec l'image de luxe souhaitée pour le produit en question ? Nulles. À l'instar de ce gloss, tout acteur de l'entreprise doit, s'il veut être reconnu à sa juste valeur, attacher la plus grande importance à son apparence.

L'apparence, l'abondance et la performance sont des notions que le psychiatre et psychothérapeute français Christophe André n'hésite pas à qualifier de « *fléaux [...] de nos sociétés, et de nos psychismes* »[1]. Nous sommes victimes de l'image, qui contribue à forger notre réputation, et ce aussi bien dans notre vie personnelle que professionnelle.

En effet, nous savons tous qu'une jolie apparence, une attitude positive et un vocabulaire bien choisi traduisent très souvent un bel état d'esprit et une bonne estime de soi. Mais, pour autant, faisons-nous toujours les efforts nécessaires pour renvoyer à l'autre cette image de nous-mêmes ?

1. André, C., *Imparfaits, libres et heureux – Pratiques de l'estime de soi*, Éditions Odile Jacob, 2006, p. 18.

L'HABIT FAIT LE MOINE

Qu'on le veuille ou non, l'apparence compte, autant, voire davantage, qu'un haut niveau de compétence ou de professionnalisme. Inévitablement, votre chef a tendance à tirer toutes sortes de conclusions de votre façon de vous habiller et de vous présenter. Avec pour seul point d'appui votre attitude physique, vous devez rayonner, irradier, inspirer la compétence, le dynamisme et l'engagement.

Tenue correcte exigée

Le look général, ça compte beaucoup, et ça se soigne ! Quand on est en poste, il est très difficile de passer outre : votre crédibilité en dépend. À qualité de travail égal, celles et ceux qui présentent bien ont davantage de chances d'être repérés que les autres. C'est comme ça : les chefs aiment les collaborateurs propres sur eux et qui ont de l'allure. C'est à croire qu'il existe une corrélation directe entre l'investissement dans les tenues vestimentaires et l'investissement dans le travail !

Quand notre physique parle à notre place

Se présenter au bureau avec une tenue soignée, en accord avec les codes vestimentaires de l'entreprise, renferme des messages cachés :

— Cela laisse supposer que vous prenez plaisir à venir travailler.

— Cela marque un investissement de votre part dans la « valeur travail », vous positionnant ainsi plutôt dans la catégorie des salariés engagés dans leur entreprise et qui en veulent, que dans celle des salariés qui ne travaillent que pour faire bouillir la marmite.

Inutile de mettre quotidiennement le « costard-cravate » ou le tailleur : votre seul impératif consiste à faire attention à ce que vous portez, en adoptant les codes en vigueur, aussi bien dans l'entreprise que dans le type de poste occupé. Cela peut sembler une évidence, mais on ne s'habille pas de la même façon selon que l'on est commercial, coursier, informaticien, cadre dirigeant, créatif, etc. Votre objectif ? Vous fondre dans la masse pour être accepté socialement. Par exemple, si tous les chefs de projet informatique arrivent en tenue décontractée du lundi au vendredi, faites de même.

Par ailleurs, si vous convoitez un poste de management, vous aurez tout intérêt à prendre l'habitude de vous habiller en « tenue de manager », car à force de vous voir habillé comme tel, votre patron finira par vous assimiler à un chef et, donc, à vous confier plus naturellement ce rôle par la suite.

Toute la difficulté, lorsque l'on travaille sur son apparence, consiste à trouver un juste équilibre entre les impératifs à respecter et sa propre image, d'où le recours de plus en plus fréquent, par les entreprises elles-mêmes, aux conseils personnalisés en *relooking*.

Une attitude physique irréprochable

À l'instar de tout produit ou service, la qualité perçue d'un individu dépend non seulement de son *look*, mais aussi de son attitude, et notamment de sa présence physique. Ainsi, votre chef sera particulièrement attentif :

— À la façon dont vous occupez l'espace : ne restez pas prostré dans votre coin, prenez de la place, car c'est la meilleure façon d'être repéré.

— À votre position corporelle : évitez les bras croisés, les pieds « en dedans » ou la position avachie sur votre chaise.

— Au rythme de votre démarche et de vos gestes : privilégiez les gestes amples, vifs et rapides. Bannissez les poignées de main « molles ».

— À votre dynamisme général : le café sera votre meilleur allié, afin de lutter contre un éventuel assoupissement qui serait du plus mauvais effet.

— À la façon de vous exprimer : soyez clair et concis dans vos explications, scandez vos phrases.

Vous avez certainement connu des salariés dont la carrière avait été bloquée pour une simple question d'attitude. Vous êtes plutôt du genre nonchalant ou dilettante ? Prenez donc sur vous pour masquer ce comportement susceptible d'être interprété comme un manque de motivation dans le travail…

Nous allons voir à présent que l'état d'esprit est tout aussi important que votre physique. En effet, ce qui se perçoit de l'extérieur dépend de ce que vous vivez dans votre for intérieur.

PENSEZ POSITIF !

Alors qu'une épée de Damoclès est en permanence suspendue au-dessus de la tête des salariés en proie à d'interminables plans sociaux, réorganisations, gels des salaires ou dégraissages d'effectifs, comment parvenir à basculer dans l'optimisme ? Dans un environnement marqué par une incertitude sans précédent et un climat plus morose que jamais, les entreprises s'évertuent à demander à leurs salariés de dégager en toutes circonstances une impression de dynamisme, d'enthousiasme, d'implication, d'engagement et de motivation. Dès lors, comment répondre à leurs attentes ?

Adopter la « positive attitude »

> *« Un pessimiste voit la difficulté dans chaque opportunité.*
> *Un optimiste voit l'opportunité dans chaque difficulté »*
> (Winston Churchill, 1874-1965)

Adopter une attitude positive consiste « tout simplement » à voir le verre à moitié plein plutôt qu'à moitié vide. Cette formidable capacité à retourner les problèmes, les contraintes et les contretemps en autant de défis à relever constitue un atout incontournable pour être bien évalué et réussir dans l'entreprise. Facile à dire, mais comment faire ?

Trois clés pour développer une attitude positive

— Transformer l'énergie négative en énergie positive : le monde du travail est féroce. Vos pires ennemis (c'est-à-dire vos collègues) passent une grande partie de leur temps à critiquer, à se plaindre, à divulguer les pires ragots et à vous entraîner dans des jeux psychologiques malsains, avec pour objectif, nous l'avons vu précédemment, de mieux vous « descendre ». Ajoutez à cela une bonne dose de stress, une pression toujours plus forte pour remplir des objectifs toujours plus ambitieux, avec des moyens toujours plus réduits, et vous comprenez alors l'intérêt de vous aérer l'esprit en trouvant des soupapes pour évacuer tout ce qui est négatif et le stress.

— Prendre du recul : avant de prendre une décision, écoutez, analysez la situation pour bien la comprendre et l'appréhender, puis agissez en conséquence, de façon posée.

— S'inscrire sur le long terme : en situation professionnelle, un échec ou une erreur ne remet que rarement en question la totalité d'un projet ou les compétences d'un collaborateur. Vous auriez donc tort de considérer un échec comme le

→

→
facteur empêchant l'aboutissement d'un projet, au même titre d'ailleurs qu'une réussite comme l'unique élément générateur d'un succès. On a coutume de dire que la réussite s'inscrit sur le long terme, se composant d'une succession d'erreurs, d'échecs et de succès.

Choisir ses mots

Puisque l'image ne va pas sans le son, il s'agit à présent d'employer un vocabulaire laissant transparaître votre attitude engageante. En la matière, trois impératifs s'imposent à vous.

Le premier consiste à vous montrer congruent dans votre communication, c'est-à-dire authentique « à l'intérieur », ce qui se reflète forcément en miroir dans votre attitude extérieure. Être congruent, c'est jouer sans fausses notes ; par exemple, ne pas contredire sa parole par ses gestes, ou l'inverse. Ainsi, un manager congruent ne fait pas la grimace en annonçant à son équipe des chiffres de vente exceptionnels, ou ne s'esclaffe pas lorsque ses collaborateurs lui font part d'une charge de travail trop importante.

Le deuxième vise à employer du vocabulaire positif et à tenir des propos optimistes. Sans forcément ponctuer toutes vos phrases d'un « génial », « super », ou « top », faites en sorte de parsemer votre discours de mots positifs, tels que *challenge*, réussite, succès, amélioration, construction, évolution, etc. Sachez également mettre les formes. Ainsi, ne dites pas « c'est nul », mais « je ne pense pas que ce soit une bonne idée, parce que… ».

À dire/À ne pas dire

Assis, le dos courbé sur votre ordinateur, vous scrutez depuis plus de deux heures des lignes et des colonnes de chiffres. « *Tu fais quoi, là ?* », vous demande ironiquement votre voisin de bureau, cherchant implicitement à vous dévaloriser. Ne dites pas : « *Je n'en peux plus ! Plus de deux heures passées à vérifier des données sans comprendre d'ailleurs pourquoi ! Il y a de quoi devenir fou !* » Préférez des formulations plus positives, comme : « *Je travaille avec ardeur au projet de* "resizing"[1] *de notre force de vente. Il s'agit de données confidentielles sur les secteurs attribués à nos futurs commerciaux.* »

Le dernier, enfin, vous contraint à adopter le jargon utilisé dans votre entreprise et votre fonction. Celles et ceux dont l'objectif principal consiste à se faire mousser auprès de leur chef ou de leurs collègues emploient à tire-larigot toutes les expressions à la mode. Aucune formulation valorisante et ampoulée ne leur échappe. Ils connaissent parfaitement tous les acronymes[2] de leur environnement de travail. Comme on dit vulgairement, « ils en jettent ». Alors, n'hésitez pas à imiter ces experts du genre, qui sont en général des « dinosaures » de l'entreprise ! Vous noterez qu'ils raffolent, par-dessus tout, du parler « franglais ». L'effet est garanti.

1. Redécoupage, en français.

2. Un acronyme est un sigle prononcé comme un mot ordinaire (définition du *Petit Larousse*). Exemples : CAPES, SIDA, ONU, OVNI, etc.

Quelques expressions « franglaises » incontournables[1]

« Faire sens » : traduction de « *to make sense* ».

Respecter les « *deadline* » : rendre un travail en temps et en heure.

Favoriser le « *bottom-up* » : traduction de « bas en haut ». Se dit d'une culture qui favorise l'expression de tous. C'est le contraire du « *top-down* » (haut en bas).

Être « *on board* » ou « *on the boat* » : tel l'équipage d'un navire, se dit des collaborateurs qui travaillent à bord de leur entreprise sur un projet ou un dossier important à un moment donné.

Avoir ou faire une « propal » (de salaire, d'emploi, d'évolution professionnelle, etc.) : contraction de l'anglais « *proposal* », qui signifie « proposition ».

Rendre un « *draft* », « *asap* » : rendre un projet dans les meilleurs délais.

Donner du « *feed-back* » : signifie littéralement « nourrir en retour ».

« *Impacter* » sur quelque chose : avoir des répercussions sur quelque chose ou quelqu'un. Traduction littérale de « *to impact on* ».

« *Challenger* » les « *process* » : remettre en question le système.

« *Up-grader* » quelqu'un (développer ses compétences), pour être « *fast-tracké* » (identifié et promu rapidement).

La liste est loin d'être exhaustive...

1. D'après Bourgeois, L., *Éloge de la critique et des jeux de pouvoir en entreprise*, *op. cit*, p. 52.

RÈGLE N° 13

SOURIRE, DIRE MERCI ET DEMANDER L'ADDITION !

Un vieux proverbe chinois nous enseigne que « l'homme qui ne sait pas sourire ne devrait pas tenir boutique ». En effet, qui, au supermarché, se dirigerait spontanément vers une caissière qui fait la moue ? De même, au restaurant, qui laisserait un pourboire à un serveur arrogant ? Et combien accepteront d'y retourner déjeuner ?

En matière d'appréciation des compétences et d'évolution de carrière, le sourire constitue aussi une arme redoutable. Le sous-titre de cet ouvrage résume d'ailleurs à lui seul cette treizième règle d'or : il n'y a point de *business* ni de réussite sans un sourire et un minimum de respect de l'autre.

ADOPTER LA « *SMILE ATTITUDE* »

Souriez, même sans raison ! En effet, un salarié qui rayonne, arborant un sourire franc et authentique, donne à son chef l'image d'un salarié heureux et, sous-entendu, d'un salarié productif ! Comme le remarquait le philosophe Alain, « *le sourire appelle le sourire : il rassure l'autre sur soi et toutes les choses autour* »[1]. Ainsi, à l'image de son collaborateur,

1. *Alain*, extrait des *Éléments de Philosophie* (1941).

votre patron sera heureux de voir que vous semblez prendre plaisir à travailler avec lui. Il vous en sera reconnaissant.

Un sourire attire l'œil, séduit et donne envie à vos interlocuteurs de vous connaître davantage. Dans certains cas, il peut rassurer, laissant à penser que vous n'êtes pas celui ou celle que vous donnez à voir d'emblée.

Travaillez sur votre aptitude à vous montrer de bonne humeur et avenant : c'est un facteur clé de succès, particulièrement à l'approche de la période des évaluations de fin d'année ! Car « *si la capacité à sourire n'est jamais formalisée en tant qu'objectif à part entière dans les formulaires d'évaluation concoctés par les directions des ressources humaines, votre degré d'optimisme demeure un critère d'appréciation, qu'on le veuille ou non !* »[1].

Par ailleurs, votre sourire, accueillant votre interlocuteur, constitue une botte secrète pour mener à bien vos missions et obtenir plus facilement des autres les informations dont vous avez besoin. Il est vrai que dans le contexte professionnel incertain dans lequel nous évoluons, paraître heureux et parvenir à décrocher ne serait-ce qu'un petit rictus peut relever du défi et nécessiter de se faire violence. Or, lorsque vous vous forcez à sourire, vos interlocuteurs ne manquent jamais de le ressentir, ce qui ne les met pas d'emblée dans de bonnes conditions pour apprécier votre travail à sa juste valeur. En revanche, « *un sourire sincère, authentique, qui vient du fond du cœur, laissant transparaître votre motivation, votre passion et votre joie intérieure permettra de créer immédiatement un climat propice à la [collaboration]* »[2].

1. Bourgeois, L., *Profession artiste, vivre de son art*, *op.cit.*, p. 210.
2. *Ibid.*

Exercice d'entraînement pour sourire en ayant l'air naturel

- Tels les acteurs de cinéma et de théâtre, livrez-vous à l'exercice suivant : placez-vous devant un miroir et pratiquez le « sourire total ». Pour ce faire, mettez tous vos muscles faciaux en mouvement :
- Souriez avec votre bouche : vos joues se bombent et remontent légèrement, toutes vos dents apparaissent (n'adoptez pas le sourire « pincé » du rictus) et les muscles peauciers de votre cou sont tendus.
- Souriez avec vos yeux : le contour de vos yeux se plisse, vos yeux se ferment légèrement et pétillent. Regardez alors votre image dans le miroir, droit dans les yeux.
- Souriez avec votre corps : un sourire authentique et sincère prend toute sa valeur sur un corps à la fois droit (redressez-vous !) et détendu, parfaitement ancré dans le sol.

Attention toutefois à ne pas sourire tout le temps et béatement, au risque de passer pour le benêt de service…

DIRE MERCI

Malgré les impératifs de respect et de bienveillance affichés dans les entreprises, beaucoup d'entre nous ont tendance à négliger la politesse, valeur pourtant indissociable du respect de l'autre. Or, c'est une réalité : les chefs préfèrent les collaborateurs moins compétents (jusqu'à une certaine limite, bien sûr), mais sympathiques et respectueux, aux surdoués imbus d'eux-mêmes, à qui tout semble dû. À croire parfois que le niveau de compétence d'un salarié désagréable est sans valeur !

Remercier, c'est se situer dans une relation « donnant-donnant » avec son interlocuteur. C'est faire preuve de gratitude, c'est-à-dire prendre conscience de recevoir quelque chose de bon. Au-delà de nous émouvoir, cette prise de conscience nous donne de l'énergie, nous transforme positivement et nous motive pour dépasser nos propres limites. Comme le note Robert Emmons dans son ouvrage *Merci !*, « *la gratitude va bien au-delà de la simple politesse. Elle sous-entend en effet la notion de reconnaissance [...]* »[1].

Alors, pour remercier votre chef qui, par exemple, vient de vous octroyer une belle prime, deux options s'offrent à vous : le remercier de vive voix, à « chaud », c'est-à-dire dès qu'il vous remet votre évaluation et qu'il vous annonce la bonne nouvelle (veillez toutefois à ne pas trop en faire...) ou bien *a posteriori*, en lui adressant par exemple quelques jours plus tard un e-mail ou un petit mot de remerciement écrit de votre main.

Chaque jour, vous pouvez constater, aussi bien en situation professionnelle que dans votre vie privée, qu'un « merci » ne coûte pas cher et facilite bien des démarches. En effet, celui que vous avez chaleureusement remercié sera enclin à traiter vos dossiers avant ceux de vos collègues. Faites le test : dire merci « ne mange pas de pain » et peut rapporter gros !

DEMANDER L'ADDITION

Fort des treize règles d'or que vous avez parcourues, rendez-vous à présent à la case départ, en réclamant à votre chef la somme que vous pensez mériter.

1. Emmons, R., *Merci ! Quand la gratitude change nos vies*, Belfond, 2008, p. 23-24.

CONCLUSION

Être bien vu et bien évalué flatte notre *ego*, valorise notre image, renforce notre visibilité et notre notoriété, accroît notre confiance en nous et nous laisse penser que nous pouvons gravir plus rapidement que nos collègues les échelons hiérarchiques, les laissant sans pitié s'agiter en bas de l'échelle. Avouons-le, qui d'entre vous n'a pas eu un jour l'envie de se trouver dans cet état de grâce ?

À travers ces treize règles d'or, j'espère vous avoir convaincu que personne ne vous déroulerait le tapis rouge sur la base de vos seules compétences techniques, de la qualité de votre travail et de votre degré de professionnalisme. En effet, ceux qui réussissent à tirer leur épingle du jeu avec brio savent également s'armer d'une bonne dose d'intelligence relationnelle, d'un minimum de discernement et de techniques de communication, de marketing et de vente éprouvées. Leurs derniers atouts ? Une volonté à toute épreuve, un courage sans faille et une confiance en soi qui les accompagnent au quotidien, tout au long de leur parcours dans l'entreprise.

Mais, me direz-vous, malgré tout cela, on ne peut pas plaire à tout le monde… C'est vrai, et fort heureusement d'ailleurs ! Le marketing nous enseigne qu'il est toujours préférable d'être porté aux nues par quelques personnes (mais les bonnes), plutôt que d'être moyennement apprécié par la plus grande majorité. La preuve : tout le monde n'apprécie pas le Coca-Cola, beaucoup n'en boivent pas et, pourtant, si cette marque est toujours *leader* sur son marché des décennies après son lancement, c'est bien qu'une partie de la population la trouve géniale et la consomme sans modération ! Alors, pour que votre chef vous trouve tout aussi génial qu'une canette de cette boisson centenaire, marquez votre différence par rapport à vos concurrents, c'est-à-dire… à vos collègues de bureau.

Vous constaterez rapidement que pour monter quatre à quatre les marches de l'échelle sociale (et ne plus végéter au pied de l'escalier), pour accéder, enfin, au poste de vos rêves (et ne plus vous encroûter, comme vous le faites pourtant depuis des années, dans une routine professionnelle devenue insupportable), pour décrocher cette augmentation de salaire tant méritée (et ne plus consulter tous les jours votre compte en banque pour vous assurer de ne pas être dans le rouge le dix du mois), les treize règles d'or décrites dans cet ouvrage seront vos meilleures alliées. Car votre réussite, loin de relever du mystère ou d'un quelconque effet placebo, tient principalement à la mise en œuvre de quelques principes infaillibles et de comportements qui ont largement fait leurs preuves…

Alors, sans plus attendre, c'est à vous de jouer !

BIBLIOGRAPHIE

André, C., *Imparfaits, libres et heureux – Pratiques de l'estime de soi*, Éditions Odile Jacob, 2006.

André, C., Muzo, *Je résiste aux personnalités toxiques (et autres casse-pieds)*, Le Seuil, 2007.

Arden, P., *Vous pouvez être ce que vous voulez être*, Éditions Phaidon, 2004.

Bagla, L., *Sociologie des organisations*, coll. « Repères », La Découverte, 2003.

Berne, E., *Des jeux et des hommes*, Éditions Stock, 1998.

Bourgeois, L., *Éloge de la critique et des jeux de pouvoir en entreprise*, Eyrolles, 2013.

Bourgeois, L., *Profession artiste, vivre de son art*, Eyrolles, 2012.

Do Espirito, T., *Développez votre marque personnelle*, Leduc. S Éditions, 2011.

Francfort, I., Osty, F., Sainsaulieu, R., Uhalde, M., *Les mondes sociaux de l'entreprise*, Desclée de Brouwer, 1995.

Goldstein, M., Read, P., *Petits jeux de pouvoir en entreprise – Comment les identifier et y mettre un terme*, coll. « Village Mondial », Pearson France, 2012.

Hoffman, R., Casnocha, B., *Manager votre carrière comme une start-up*, Leduc. S Éditions, 2013.

James, M., Jongeward, D., *Naître gagnant – L'analyse transactionnelle dans la vie quotidienne*, InterÉditions, 2000.

Kotler, P., *Le marketing selon Kotler*, Village Mondial, 1999.

Lelord, F., André, C., *L'estime de soi*, Éditions Odile Jacob, 2002.

Thévenet, M., *La culture d'entreprise*, coll. « Que sais-je ? », Presses Universitaires de France, 2011.

INDEX

A

absence 76
anticipation 12
attitude physique 119
autonomie 24
avoir raison 28

B

bonne attitude 43
bourreau de travail 78
burn-out 80

C

cadre 45
cible 52
communication 18
  mode de 54
compétition 69
compromis 36
concurrence 68
confiance en soi 111
connaissance de l'entreprise 54
conseil 30
copie cachée 107
créativité 33
critique 32, 102
culture 40

D

décideur 36
décompression 115
délai 14
discrétion 66
distance 110

E

écoute 20, 110
empathie 21
engagement 13
esprit d'équipe 85
estime de soi 58

F

fausse promesse 13
faux-semblant 94
flicage 104
franglais 123

G

groupe 84

H

horaire 74

I

idée 30

incertitude 22
intégration 43
intelligence 67
intrapreneuriat 46
investissement 64

J

jeu de pouvoir 97

L

limite 113

M

manipulation 97
marketing 50, 68
masque 94
méthode 3

N

narcissisme 31

O

organisation 9

P

partage des idées 84
période d'essai 44
persévérance 7
positionnement 51
positive attitude 121
prudence 102
psychologie 18

R

recommandation 35
relationnel 89
remerciement 127
remise en question 28
répondre à tous 107
responsabilité 65
rigueur 2
rituel 86

S

saute-mouton 29
secret 66
slogan 70
smile attitude 125
soutien 24
sponsor 56

T

tee-shirt 95
tenue 118
test de la poubelle 9
trace 106
transparence 22

V

valeur de l'entreprise 40
valorisation 58, 89
vérification 5
vocabulaire 122

Z

zèle 64

LAURENCE BOURGEOIS

ÉLOGE DE LA CRITIQUE ET DES JEUX DE POUVOIR EN ENTREPRISE

EYROLLES

MICHAËL AGUILAR
METTEZ DE L'HUMOUR DANS VOS DISCOURS
200 histoires drôles pour dynamiser vos conférences, exposés et réunions
EYROLLES

Mise en page : Florian Hue

Achevé d'imprimer par Pollina
N° d'imprimeur : L66495
N° d'éditeur : 4821
Dépôt légal : octobre 2013
Imprimé en France